novum ✒ pro

AF146594

DER MENSCH

Wo kommt er her und wohin geht er?

Werner Arull

www.novumverlag.com

Bibliografische Information
der Deutschen Nationalbibliothek:

Die Deutsche Nationalbibliothek
verzeichnet diese Publikation in
der Deutschen Nationalbibliografie.
Detaillierte bibliografische Daten
sind im Internet über
http://www.d-nb.de abrufbar.

Alle Rechte der Verbreitung,
auch durch Film, Funk und Fernsehen,
fotomechanische Wiedergabe,
Tonträger, elektronische Datenträger
und auszugsweisen Nachdruck,
sind vorbehalten.

© 2015 novum Verlag

ISBN 978-3-99048-386-2
Lektorat: Volker Wieckhorst
Umschlagfoto:
Nejron | Dreamstime.com
Umschlaggestaltung, Layout & Satz:
novum Verlag

Gedruckt in der Europäischen Union
auf umweltfreundlichem, chlor- und
säurefrei gebleichtem Papier.

www.novumverlag.com

Inhaltsverzeichnis

Vorwort 7

Einleitung 9

Erstes Kapitel
Das irdische Leben der Menschen 11

Zweites Kapitel
Der Mensch 17

Drittes Kapitel
Die Menschwerdung 21

Viertes Kapitel
Die erste Menschwerdung und weitere 25

Fünftes Kapitel
Das Leben bis zur irdischen Geburt 31

Sechstes Kapitel
Das Leben als Mensch 33

Siebtes Kapitel
Das Leben nach dem Tod 41

Achtes Kapitel
Die Entscheidung für eine erneute Inkarnation 47

Neuntes Kapitel
Was ist der Mensch? 51

Zehntes Kapitel
Der Sinn des Lebens 55

Elftes Kapitel
    Die Seele der Menschen 59

Zwölftes Kapitel
    Die Erschaffung der materiellen Welt
    und das Leben darin 63

Dreizehntes Kapitel
    Das irdische Examen 71

Vierzehntes Kapitel
    Die Existenz Gottes 79

Fünfzehntes Kapitel
    Die geistige Welt 89

Sechzehntes Kapitel
    Die Menschen heute 103

Siebzehntes Kapitel
    Die Kontakte mit dem geistigen Führer 109

Achtzehntes Kapitel
    Mitteilungen, an mich 111

Neunzehntes Kapitel
    Mitteilungen über die Leben der Seele Ezechiel 119

Zwanzigstes Kapitel
    Das vorletzte irdische Leben der Seele Ezechiel 123

Schlusswort 129

Vorwort

Das Leben und der Sinn eines menschlichen Lebens ist die Frage, die sich wohl jeder irgendwann stellt. Was ist der Sinn des Lebens, was war vor dem Leben und was kommt danach? Diese Frage stellt sich insbesondere, wenn man als Mensch alt ist und wenn der Körper durch Krankheiten gezeichnet wird. Eine Antwort darauf wird man meistens vergeblich suchen.

Auch die Frage nach dem Beginn und dem Ende der Welt, der Erde, der Natur ist ein Rätsel. Was ist der Weltuntergang? Es stellt sich auch immer wieder die Frage nach der Wiedergeburt des Menschen. Gibt es eine Wiedergeburt, gibt es Gott, wer oder was ist Gott? Wer kann diese Fragen beantworten?

Über die Entstehung der Erde hat die Wissenschaft sehr viel und Beachtliches ermittelt. Auch die Erforschung des Weltalls hat enorme Fortschritte gemacht. Viele Religionsgemeinschaften haben sich den Themen in unterschiedlicher Art und Weise gestellt. Doch die gestellten Fragen können nicht alle beantwortet werden.

Es gibt Berichte über Verbindungen der Menschen mit der Geisterwelt. Ist so etwas möglich? Was ist überhaupt die Geisterwelt? Gibt es einen Schutzengel, gibt es überhaupt Engel? Für die Menschen gibt es vieles, was ungeklärt und unverständlich ist.

Eine einigermaßen verlässliche Informationsquelle ist die Bibel. Es gibt allerdings viele verschiedene Ausgaben der Bibel. Nach meiner Kenntnis soll es über 3000 verschiedene Bibelausgaben geben. Wie ist die Bibel entstanden? Konnte überhaupt jemand das alles niederschreiben? Woher stammt das, was in der Bibel steht? Wie kann die Entstehung der Welt niedergeschrieben werden, wenn bei Beginn der Schöpfung der Mensch überhaupt noch nicht erschaffen war?

Alle diese Fragen sind ein Thema, das für viele Menschen ungeklärt ist. Viele Menschen haben sich mit Dingen, die mit dem Begriff Esoterik, dem Unbekannten und Unverständlichen bezeichnet werden, befasst und doch ist noch vieles ungeklärt.

Es ist klar und richtig erkannt, dass das gesamte Universum aus Energie besteht. Wir wissen, dass Energie unvergänglich ist, jedoch kann sie ihre Form ändern. Begreifen kann man das zwar als Mensch für den Bereich der Physik, jedoch für das Universum und das irdische Leben ist es immer noch rätselhaft. Das Begreifen der Energie ist für den Menschen in seinem irdischen Leben jedoch weder notwendig noch von der Natur gewollt.

Somit ergibt das Wort Glauben auch einen Sinn. Es gibt Dinge, die man als irdischer Mensch nicht wissen kann und soll, man muss einfach daran glauben.

Zu einem bestimmten Zeitpunkt – ich bin überzeugt davon, dass es vorbestimmt und von der Geisterwelt gewünscht war – bekam ich Kontakt mit der Geisterwelt. Seitdem habe ich regelmäßige mentale Verbindung mit der geistigen Ebene und durch diesen bestehenden Kontakt erhalte ich Mitteilungen über meinen geistigen Führer. Auch den Auftrag, die Mitteilungen in einem Buch festzuhalten, hat mir die Geisterwelt so mitgeteilt.

Die Geisterwelt hat mir damit eine geistige Ebene geöffnet, über die ich Informationen über das Universum, über die Vergangenheit erhalte. Auch die von mir gestellten Fragen werden beantwortet. Es hat sich mir dadurch eine Welt geöffnet, die faszinierend und wunderbar ist. Jetzt kann ich vieles begreifen, was bisher für mich unbegreiflich war. Wenn ich etwas wissen will, wird es beantwortet.

Mein geistiger Führer sagt immer wieder: „Wenn du Fragen hast, frage uns, oder wenn du Hilfe brauchst, rufe uns." Der geistige Führer sagt stets wir, niemals ich, denn wie ich jetzt weiß, steht immer die gesamte Geisterwelt zur Verfügung.

Die Aufforderung der Geisterwelt, alles, was sie mir mitteilt, aufzuschreiben und in einem Buch zusammenzustellen, möchte ich mit diesem Buch erfüllen. Das in diesem Buch Geschriebene wird für manche Leser unbegreiflich und an den Haaren herbeigezogen erscheinen. Einiges kann auch falsch wiedergegeben und möglicherweise nicht vollständig sein, weil bei den Aufzeichnungen durch Hör- oder Interpretationsfehler etwas nicht wortgetreu festgehalten wurde. Jedoch der Sinn der Mitteilungen ist ausreichend, um das in diesem Buch Geschriebene und die Geisterwelt zu verstehen.

Einleitung

Als einleitende Worte zu meinem Buch wähle ich aus dem Buch „Der Verkehr mit der Geisterwelt, Gesetze und Zweck" von Johannes Greber seine einleitenden Worte. Sein Text ist die volle Wahrheit, der nichts hinzuzufügen ist. Er schreibt:
„Gibt es für den Menschen ein Fortleben nach dem Tode? Gibt es ein Jenseits? Gibt es eine Geisterwelt, in die auch der Menschengeist nach der Trennung von seinem Körper aufgenommen wird? Und wie sollen wir uns das in der anderen Welt denken? Welches Schicksal erwartet uns dort? Oder ist hinter den Kirchhofsmauern alles zu Ende? Wird dort mit dem Leib auch der Geist begraben, und bleibt von dem Menschen mit seinem Hoffen und Zagen, seinen Mühen und Sorgen, seinen Freuden und Leiden, seinem guten und schlechten Tun nichts übrig, als der Totenschädel oder eine Handvoll Asche? Immer wieder drängen sich diese Fragen in unser Denken ein. In den stillen Stunden ernster Krankheit legen sie sich schwer auf das müde Menschenherz. An jedem Sterbebett, an dem wir stehen, an jedem Sarg, hinter dem wir schreiten, zerren sie an unserer Seele. An jedem Grabeshügel erheben sie sich und auf jedem Leichenstein sind sie eingemeißelt. Wer löst uns das große Jenseitsrätsel? Zu wem sollen wir mit unserem Zweifel gehen, um die untrügliche Wahrheit zu erfahren? Sollen wir die Religionen und ihre Diener fragen? Sie lehren zwar den Jenseitsglauben und das Fortleben des Menschengeistes. Aber sie versetzen ihrer Lehre dadurch einen schweren Schlag, dass sie das Weiterleben des Tiergeistes leugnen. Denn wenn das Tier nicht fortlebt, aus welchem besonderen Grunde sollte dann der Mensch weiterleben? Mensch und Tier haben doch dasselbe Schicksal. Sie werden in gleicher Weise gezeugt, in gleicher Weise geboren. Freud und Schmerz, Recht und Unrecht ist beiden gleich beschieden und auch der Tod ist der Gleiche. Das bestätigt ja auch die Bibel mit den Worten: Das Schicksal der Menschen und das Schicksal der Tiere ist ein und dasselbe. Die einen sterben so gut

wie die anderen. Sie haben alle den gleichen Odem. Einen Vorzug des Menschen vor den Tieren gibt es nicht. Alles geht dahin an denselben Ort. Alles ist aus dem Staube entstanden, und alles kehrt zum Staube zurück. Wer weiß denn vom Lebensodem des Menschen, ob er nach oben emporsteigt oder vom Lebensodem des Tieres, ob er nach unten zur Erde hinabfahrt?" Soweit der Auszug aus dem genannten Buch, das ich sehr empfehlen kann.

Erstes Kapitel

Das irdische Leben der Menschen

Dieses Buch schreibe ich für alle, die sich für das irdische Leben und dem, was davor und dem, was danach war, interessieren. Es ist eine Zusammenfassung der Informationen, die mir von der geistigen Welt übermittelt wurden. Viele der Übermittlungen wurden überwiegend auf mich bezogen mitgeteilt, haben jedoch Gültigkeit für alle interessierten Menschen. Es ist die Zusammenfassung dessen, was man als Mensch wissen sollte und wie man ein Leben nach den bestehenden Naturgesetzen führen soll, damit das Ziel der Seele, sich im irdischen Leben zu verbessern, erfüllt wird.

Für die Kontakte mit der Geisterwelt ist allerdings eine höhere geistige Schwingungsebene des Menschen die Voraussetzung. Der Kontakt mit der Geisterwelt ist jedoch für die Lebensaufgabe eines Menschen nicht unbedingt erforderlich. Ob es den Kontakt geben soll oder nicht, wird durch die höhere Geisterwelt entschieden. Wenn ja, dann wird die Geisterwelt das Notwendige dazu veranlassen und diesen Kontakt herstellen. Der Inhalt dieses Buches wird für viele Menschen unglaubwürdig sein und wird auch Fragen aufwerfen. Das Wissen um die geistige Welt passt nicht in die heutige materielle Welt, in der Geld, Ruhm, Erfolg und irdisches Wohlergehen Vorrang haben. Es ist verpönt und peinlich, von einer existierenden geistigen Ebene zu reden. Jedoch spätestens in der Stunde, wo der irdische Tod nahe oder nicht mehr abwendbar ist, wo unheilbare Krankheiten kommen oder das sogenannte Schicksal zuschlägt, sehnen sich die betroffenen Menschen doch nach einer Antwort auf alle aufkommenden Fragen.

Es ist nie zu spät, es ist immer möglich, sich zum geistigen und dem wirklichen Leben zu bekennen, man muss es nur wollen.

Wie das Leben mit der Geisterwelt ist, was die geistige Ebene ist, was in der Geisterwelt geschieht und was der Sinn des Daseins der irdischen Menschen in der materiellen Welt ist, will ich mit diesem Buch deutlich machen.

Jeder Mensch wird in seinem irdischen Leben, ohne dass er es wahrnimmt, geführt. Dazu hat jeder Mensch einen geistigen Führer, der ihn in allen Dingen führt. Dieser geistige Führer ist eine Seele eines höheren Selbst, die sich selbst auf ein neues irdisches Leben vorbereitet und sich vor diesem Leben zur Begleitung einer Menschenseele bereit erklärt. Dieser geistige Führer ist für das gesamte irdische Leben ein geistiger Teil des irdischen Körpers, so wie es auch die Aura ist, die aus mehreren unsichtbaren geistigen Körpern besteht.

Die Seele des höheren Selbst, die erstmalig oder erneut inkarniert, das heißt Mensch wird, muss die Voraussetzungen für die Aufgabe haben, die sie als Mensch in einem irdischen Leben erfüllen soll. Der irdische Mensch ist dafür nur ein Medium, in dem sich das höhere Selbst durch eine seiner Seelen im irdischen Leben bewähren muss.

Der geistige Führer führt den Menschen nach einem Lebensplan. In diesem Lebensplan, den die betreffende Seele in Zusammenarbeit mit seiner geistigen Familie vor dem irdischen Leben erarbeitet hat, ist alles vorhanden, was im folgenden Leben zur Erfüllung seiner geistigen Verbesserung notwendig ist. Alles, was das folgende Leben erarbeiten soll, ist vorbestimmt und soll in Zusammenarbeit von Mensch und Seele erfolgen. Die letztendliche Entscheidung ist jedoch immer vom freien Willen des Menschen abhängig. Zu allem, was der irdische Mensch erlebt, kommt mental die richtige Vorgehensweise dazu vom geistigen Führer. Es ist die innere Stimme. Wer kennt sie nicht, wer hatte nie das sogenannte Bauchgefühl? Die Entscheidung, was man tut, das Richtige oder das Falsche, muss jedoch der Mensch immer selbst treffen. Der geistige Führer kann von sich aus nichts tun, er folgt immer dem Lebensplan. Nur weil keiner weiß, was die innere Stimme wirklich ist, wird sie, wenn es nicht passt, einfach ignoriert.

Jeder Mensch hat sie und erfüllt im irdischen Leben die Aufgabe, die in seinem Lebensplan festgeschrieben ist. Diese Aufgabe kann gut, kann aber auch schlecht sein. Das irdische Leben wird im Lebensplan vorbereitet. Dieser Lebensplan enthält alles, was zur Verbesserung notwendig ist, aber auch, welche Strafen er verbüßen muss. Es gibt kein Schicksal, es ist alles vorbestimmt. Wenn das sogenannte Schicksal schlecht ist oder nicht passt, ist man unzufrieden, man hadert dann mit seinem Schicksal. Jedoch ist alles, was geschieht, eine Vorbestimmung. Die Aufgaben zum Leben als Mensch gibt das höhere Selbst vor. Die Aufgaben können, je nach Schuld oder gutem Vorleben, gut oder auch schlecht sein. Wenn die Seele sich verbessern will, muss sie diese Aufgaben alle erfüllen. Lehnt der Mensch das jedoch ab, wird es möglicherweise keine Verbesserung geben oder es werden entsprechende Strafen folgen.

Dieses Buch beschreibt das irdische Menschenleben und das Zusammenwirken vom irdischen und geistigen Leben. Es beschreibt das Zusammenwirken von Körper und Geist, vom Menschen und seinem Schutzengel. Betrachten wir dazu zuerst das Menschenleben und dann das Außerirdische. Die Informationen zu diesem Buch wurden mir über meinen geistigen Führer, meinen Schutzengel übermittelt. Beweise dazu gibt es nicht, es sei denn, dass das Nachfolgende sie liefert durch die Logik des Geschriebenen.

Alles, was bisher und immer über die Entstehung der Welt und der Menschen niedergeschrieben wurde, stammt aus Berichten von Mensch gewordenen höheren Geistern, die in der Bibel Propheten genannt wurden. Verbindungen dazu, zu den geistigen Führern und zu anderen Geistern, hat es bei den Menschen immer gegeben, in früheren Epochen fast ständig. Die Menschen haben Gott um Rat gefragt, so berichtet die Bibel.

Gott hat die materielle Welt zur Bewährung der von Gott abgefallenen Geister, die nach dem Sündenfall in die Unterwelt verbannt wurden, geschaffen. Die materielle Welt ist die Welt, in der wir Menschen leben. Sie wurde von Gott geschaffen. Die Schöpfung hat jedoch über einen Zeitraum gedauert, über den ein Mensch sich keine Vorstellung machen kann. Dazu wurde die im geistigen vorhandene Welt materialisiert, das heißt, sie wurde auf eine andere Schwingungsebene transformiert, sie ist die Kopie vom Geistigen. Nach der Erschaffung von Himmel und Erde, von Mineralien, Pflanzen und Tieren wurde der Mensch als letzter Akt der Schöpfung erschaffen, und zwar nach Gottes Wort: „Lasset uns den Menschen schaffen nach unserer Art." Die Schaffung des Menschen als das Höchste und Letzte der Schöpfung bildet die Voraussetzung dafür, dass die gefallenen Geister sich durch ein Leben in irdischen Körpern, je nach Verschulden vom Mineral-, dem Pflanzen-, dem Tierreich, zuletzt in Menschenkörpern dem Erlösungsplan entsprechend bewähren können. Dazu tritt ein Geistwesen, das für die Bewährung eine Erlaubnis erhält, in einen irdischen Körper ein. Es ist eine Seele des jeweiligen höheren Selbst. Diese Seele ist auch die Lebensenergie des jeweiligen Körpers. Sie ist ein Teil des Körpers, jedoch in geistiger Form, nicht materiell und nicht sichtbar. Die Seele ist bis zum irdischen Tod ein Teil des irdischen Körpers in geistiger Form und ein Teil der Aura. In den irdischen Körpern müssen sich die Geister bewähren. Wenn durch diese Bewährung, die eine sehr lange Zeit, nach menschlichem Zeitempfinden gemessen, dauern kann, die Stufe des Menschenlebens erreicht worden ist, kann die Seele die Erlaubnis zur Menschwerdung erhalten.

Die dann in Menschenkörpern auf dieser oder anderen Erden lebenden Geister müssen sich in vielen materiellen irdischen Leben bewähren. Dazu hat der Geist im Menschen den geistigen Führer als Helfer. Gemeinsam führen sie den Menschen und verwalten dessen Lebensplan, der dem geistigen Führer bekannt ist. Dieser Führer ist für alles zuständig, er ist sozusagen der Schutzengel des jeweiligen Menschen. Bewährt sich der Geist im Menschen, steigt seine seelisch-geistige Entwicklung, er erreicht damit eine höhere Schwingung des geistigen Lebens, bis er sich zur höchsten Stufe der Geisterstufen bewährt hat.

Mit steigender Erhöhung dieser Schwingung wird es für die Menschen zunehmend möglich, mit der außerirdischen Geisterwelt Kontakt aufzunehmen. Diese Kontakte stellt die Geisterwelt, wenn erforderlich, her, wenn die Bereitschaft des Menschen und eine ausreichende Schwingung des geistigen Körpers vorhanden ist. Es ist nicht ein Handeln des irdischen menschlichen Körpers, sondern des geistigen Körpers, der den Menschenkörper mit irdischem Leben erfüllt. Der Geist, der sich im menschlichen Körper bewähren will und muss, ist ein Teil eines höheren Selbst. Er ist es, der im menschlichen Körper in geistiger Form vorhanden ist und den Lebensplan des Menschen lebt. Der geistige Führer begleitet den Menschen ein ganzes Leben lang, er ist der Schutzengel. Seine Aufgabe erfüllt er, ohne dass der Mensch davon eine Kenntnis hat. Dieser Geist, das höhere Selbst, muss sich in mehreren irdischen Leben bewähren, bis er die höchste Stufe der Bewährungsstufen erreicht hat. Bis zum Erreichen der Endstufe tritt er immer wieder in einen neuen menschlichen Körper ein und lebt in diesem Körper das für ihn erstellte Lebensprogramm.

Wenn es erforderlich ist und der betreffende Mensch, in dessen Körper die Seele sich befindet, den Kontakt mit der Geisterwelt wünscht, wird das höhere Selbst diesen Kontakt von sich aus herstellen. Dann kann der Mensch über den geistigen Führer mental mit der Geisterwelt die Kontakte aufnehmen. Für mich wurde dieser Kontakt von der Geisterwelt hergestellt. Die mir dann mitgeteilten Informationen sind Gegenstand dieses Buches, wenn sie dafür bestimmt waren. Mein geistiger Führer stellt dann, wenn ich es wünsche, für mich den Kontakt zur Geisterwelt her. Von ihm erhält ein zuständiger Engel, der dazu berechtigt ist, den Auftrag, mir dann mental das Entsprechende mitzuteilen. Der ständige Begleiter, der immer noch in der dualen geistigen Welt ist, kann von sich aus nicht mit dem irdischen Menschen kommunizieren. Er muss dazu die Hilfe der Engel in Anspruch nehmen. Für die Mitteilungen der Engel gibt es sehr unterschiedliche Formen. Sie erfolgen zum Beispiel im Traum, bei Hypnose, im Wachzustand als Medium usw. Für mich wurde die Mitteilung in Meditation empfohlen. Im Anfang sollte ich zur Sicherheit meine bestehenden Fähigkeiten der Radiästhetik, das ist der Umgang mit Pendel und Wünschelrute, nutzen, um mit dem vorhandenen Pendel anhand einer Buchstabentabelle die Mitteilung nachzuprüfen. Mit dieser Empfehlung habe ich dann einen beständigen Kontakt herstellen können, der dauerhaft ist, inzwischen auch ohne Pendel und ohne Pendeltabellen. Mein geistiger Führer hat sich vorgestellt als der Geist, besser gesagt die Seele, die eine Geschwisterseele meiner Seele ist. Diese Seele war in ihrem letzten irdischen Leben im Körper einer Frau mit Namen Pauline. Diese Frau war in meinem letzten Leben meine älteste Tochter Pauline. Als sogenanntes mentales Passwort für den geistigen Kontakt habe ich dann das Wort Pauline gewählt. Über meinen geistigen Führer Pauline kann ich seitdem jederzeit Kontakt mit der Geisterwelt aufnehmen – es ist so wie im irdischen Internet.

Die Mitteilungen erhalte ich in kurzer Form, sozusagen als Stichwort, als Denkanstoß. Mit diesem Stichwort wird mir dann der gesamte Inhalt einer Mitteilung mental übermittelt, so als ob ihn mir jemand vorgetragen hätte. Den Inhalt kann ich dann aus dem Gedächtnis heraus niederschreiben. Irgendwann wurde ich über den geistigen Führer aufgefordert, den Inhalt der Mitteilungen in Schriftform festzuhalten und daraus später ein Buch zu schreiben. Den Inhalt dieser Mitteilungen bis zu dem Punkt, an dem mir das Ende des Buchtextes mitgeteilt wurde, habe ich in diesem Buche niedergeschrieben.

Zweites Kapitel

Der Mensch

Der Mensch ist ein Teil der Natur und die Natur ist Gott. Der Mensch ist ein Geschöpf Gottes, also Gott, wie alles Geschaffene. Er wurde in der Schöpfung als Letztes erschaffen. Über die Erschaffung des ersten Menschen wird in den folgenden Kapiteln berichtet. Wenn ich hier das Geschaffene erwähne, kann nur das materiell vorhandene und den Lebewesen zur Verfügung stehende gemeint sein. Das Geistige ist ewig und unvergänglich, also nicht geschaffen, es ist ewig. Wenn in den Schriften von Erschaffung die Rede ist, kann nur die materielle Welt damit gemeint sein. Das geistige Universum ist ewig. Die Erschaffung der Welt, wie es die Bibel beschreibt, ist ein Vorgang in der materiellen Schöpfung, auf den ich in den folgenden Kapiteln noch näher eingehen werde.

Die Menschen, ebenso wie alle Lebewesen, bestehen aus Körper, Geist und Seele. Es ist der irdische Körper, der mit einem höheren Selbst und einer dessen Seelen lebt und die zum Leben notwendige Lebensenergie erhält. Außerdem steht dem irdischen Menschen ein geistiger Führer ständig zur Erfüllung seiner Lebensaufgaben zur Verfügung. Dieser geistige Führer wird allgemein als Schutzengel bezeichnet, weil der Mensch von diesem geistigen Führer nach einem Lebensplan geführt und beschützt wird. Die Schaffung der materiellen Welt und der Lebewesen ist die Umwandlung des im Universum aus der geistigen Form in das jetzt Vorhandene. Es wurde alles, was für die irdischen Leben notwendig ist, mit der Schöpfung in eine niedere Schwingungsebene umgewandelt. Wie im Universum, so ist auch im Irdischen alles eine Form der universellen Energie, deren Entstehung, deren Art und Weise den Menschen unerklärlich ist und auch unerklärlich bleiben wird. Nach den physikalischen Grundsätzen ist bekannt, dass Energie immer existiert und unvergänglich ist, sie kann dabei jedoch die Art und Form ändern. Außerdem hat die Energie, insbesondere die universelle Energie, unendliche Schwingungsmuster, von denen die geistigen Schwingungsmuster dem Menschen nicht bekannt sind. Alles, was ist, hat so auch ein bestimmtes Schwingungsmuster. Die Energie des Universums ist eine Urenergie, die ewig ist. Sie ist die Schwingung des reinsten Weiß, das es gibt. Das reinste Weiß hat die höchste Schwingung. Die Energie des Universums wird sich möglicherweise in unermesslich großen, für Menschen nicht fassbaren Zeitabschnitten – wobei im Universum der Faktor Zeit nicht existiert – in ihrer Form laufend anpassen und ändern. So kann die Energie sich in schwarze Löscher komprimieren oder ausdehnen. Es können sich dabei universelle Gebilde verändern und wieder bilden. Die Welt im Universum, so wie sie für die Menschen heute erfassbar ist, kann sich so entwickelt haben und sie kann und wird sich auch so wieder zurückentwickeln. Die vorhandene Energie jedoch ist immer unvergänglich. Sie ist ewig. Energie kann die Form ändern, jedoch die Energie bleibt. Der irdische Mensch ist ein Lebewesen wie die Mineralien, die Pflanzenwelt, die Tierwelt in allen ihren Arten. Der Mensch ist die höchste Art der Lebewesen. Warum der Mensch von Gott geschaffen wurde, erkläre ich in den folgenden Abschnitten genauer. Der Mensch dient den Geistwesen, die sich von Gott trennten und deshalb ins Dunkel verbannt wurden und die Untertanen des Teufels wurden, zur Bewährung. Alle abgefallenen Geister müssen sich aus dem Bann des Teufels bis in die Stufen der Menschen bewähren, um wieder in Gottes Geisterreich zurückzukehren. Der Körper des Menschen bildet sich wie alle Lebewesen aus den Bestandteilen der Erde. Nach der Zeugung durch Samenzellen in Verbindung mit den weiblichen Zellen wächst ein Körper aus der Zelle in die Form eines Lebewesens, gebildet aus dem Lebensodem der Erde. Der Lebensodem der Erde wird den Lebewesen über die gesamte Nahrungskette zugeführt. Die Pflanzen nehmen die Energie der Erde auf, die Tiere ernähren sich von Pflanzen und Menschen, von Pflanzen und Tieren. Jedoch entstammt alle Energie des Lebens der Erde. Die Energie der Erde ist der irdische Lebensodem.

In der Bibel wird die Schaffung des Menschen beschrieben. Wie sie in Wirklichkeit vonstattengegangen ist, über Mikroorganismen oder auf eine andere Art, ist dabei völlig uninteressant. Fest steht, dass der Mensch von Gott nach seinem Willen und nach der Art der Geister geschaffen wurde. Gott sagte: „Lasset uns den Menschen schaffen nach unserer Art." Die gesamte Schöpfung der Welt, in der wir leben, wurde als duale Welt geschaffen. Alles ist dual, es ist sowohl das eine oder auch das andere. Bei Lebewesen ist die Dualität das Weibliche und das Männliche. Die Fortpflanzung und die Arterhaltung aller Lebewesen, nicht nur die der Menschen, erfolgt immer durch die Zusammenwirkung des Weiblichen und des Männlichen. Alle Lebewesen entstammen aber dem Odem der Erde. Sie entstehen alle auf die gleiche Art und Weise, durch Zusammenwirkung von weiblich und männlich. Der Mensch hat wie alle Lebewesen für das irdische Leben ihm angeborene typische und für das Leben notwendige Sinne. Es sind körpereigene Eigenschaften, die dem Menschen den Umgang mit der materiellen Welt ermöglichen. So kennt man die besonderen fünf Sinne: das Sehen, das Hören, das Riechen, das Schmecken und das Fühlen. Mit diesen Sinnen nimmt der Mensch alles wahr, was für ein Erdenleben gebraucht wird. Er sieht, hört, fühlt, schmeckt und riecht und kann sich so auf seine Umwelt einstellen und diese erfassen. Ein Menschenkörper hat jedoch noch weitere Sinne, die jedoch nicht unbedingt lebensnotwendig sind und daher weitgehend verkümmern. Es sind dieses die geistig seelischen Sinne. So kennt man das Hellsehen, das Pendeln und Rutengehen, das Hypnotisieren und weitere unerklärliche, jedoch vorhandene Sinne. Leider werden diese Sinne von unkundigen Menschen belächelt und für Unsinn gehalten. Es können dann jedoch über solche Sinne diese Menschen auch keine Informationen bekommen. Mit den geistig seelischen Sinnen, wenn sie vorhanden sind, können aber auch die geistigen Kontakte mit der geistigen Welt und dem geistigen Führer hergestellt werden, so, wie ich es in diesem Buch beschreibe. Auch ist es den Menschen manches Mal möglich, diese Sinne bewusst wieder zu erwecken.

Drittes Kapitel

Die Menschwerdung

Die Menschwerdung und die Leben als Mensch sind der Abschluss und das Ende der Bewährungen im irdischen Dasein, wenn die letzte Stufe der Bewährung erreicht wurde. Das irdische Leben ist die letzte Bewährungsstufe vor der Wiederaufnahme ins Licht bzw. in die Geisterwelt der Engel. Das höhere Selbst des Menschen ist ein von Gott abgefallener Geist, ein gewesener Engel, der sich von Gott losgesagt hatte oder bei der Revolution von Luzifer gegen Christus als Anführer oder als Mitläufer beteiligt war. Die Revolution war der Beginn des Abfalls von Gott. Es war die Revolution gegen das Königtum des erstgeborenen Gottessohnes Christus. Luzifer, der zweite Gottessohn, wollte sich dem nicht unterordnen, er wollte Erster sein. Weil sein Geist hochfahrend war, hat er sich gegen das Königtum von Christus aufgelehnt und eine Revolution gegen Christus gestartet. Die Revolution wurde schließlich durch den Kampf des göttlichen Heeres unter dem Fürsten Michael gegen Luzifer und seinen Anhängern siegreich beendet. Alle abgefallenen Geister, die auf der Seite des Bösen waren, die schuldig wurden, sind danach, je nach ihrer Schuld, in die Finsternis verstoßen worden. Luzifer und die Rädelsführer wurden in die absolute Finsternis, in die Hölle verbannt. Die Mitläufer, die weniger Schuldigen, wurden vom Licht ausgeschlossen und in eine mittlere Ebene, die man das Paradies nennt, verstoßen. Dort sollten sie sich bewähren, um dann wieder nach ihrer Bewährung in die Gemeinschaft der guten Geister zu kommen. Im Paradies waren diese Geister sowohl dem Einfluss der guten wie auch der bösen Geister, den Teufeln, ausgesetzt. Es gab ein Verbot, um die Treue und den Gehorsam der Geister zu prüfen. Zum besseren Verständnis ist dies beschrieben mit dem verbotenen Apfel. Es war die Prüfung, deren Bestehen den Geistern die Rückkehr ins Licht ermöglichen sollte. Diese Prüfung haben diese Geister jedoch nicht bestanden. Es war das Verbot, bildlich gesprochen, vom Baume der Erkenntnis zu nehmen. Als das Verbot durch den weiblichen Geist Eva, der den Verlockungen des Teufels erlag, missachtet wurde und einschließlich Adam alle übrigen Geister sich diesem Ungehorsam angeschlossen hatten, wurden alle Geister zur Strafe aus dem Paradies verwiesen und in die Hölle verstoßen, je nach Schuldigkeit in bestimmte Tiefen.

Nach einem dann von Gott geschaffenen Erlösungsplan sollten sich diese abgefallenen und weniger schuldigen Geister erneut, wenn sie den Abfall ernsthaft bereuen, über viele Stationen der Evolution aus der Verdammung der Hölle im Laufe einer erneuten, jedoch schwierigeren Bewährung verbessern können, bis sie nach dem Erreichen der Stufe des Menschen wieder ins Licht gelangen können.

Dieser Geist – es ist im irdischen Menschenleben das höhere Selbst – muss dabei den festen Willen zur Rückkehr ins Licht haben. Das höhere Selbst in einem menschlichen Körper ist für Menschen unsichtbar. Es ist unsterblich, es ist einer der gefallenen Geister. Dieses höhere Selbst ist ein geistiges Wesen und wurde wie alles von Gott geschaffen und alles, was Gott geschaffen hat, ist unsterblich, es ist ewig, so also auch der Menschengeist. Je nach Schuldigkeit müssen diese von Gott abgefallenen Geister aus der Tiefe der Hölle vor dem Leben im Menschen Bewährungsstufen durchleben, bis sie schließlich die Stufe der Menschen erreicht haben. Die Stufe der Menschen ist die letzte Geisterebene, über die eine Bewährung in menschlichen Körpern in mehrere Geisterstufen führt. Vor und nach dem irdischen Menschenleben befindet sich der Geist in diesen Geisterstufen, in der Ebene des Paradieses. Das Paradies ist eine geistige Ebene, die von irdischen Wesen nicht erkannt wird. Das Paradies ist dual, es gibt dort immer noch ja und nein, gut und schlecht. Die Paradiesebene untersteht daher immer noch dem Einfluss Satans. Dieser kann mit seinen Helfern immer noch versuchen, die Geister zum Bösen zu verführen. Das Paradies ist noch ein Teil der Bewährung. Der Geist hat immer noch den ihm gegebenen freien Willen, er kann und muss immer noch sein Schicksal frei entscheiden. Die Geisterstufe im Paradies besteht aus mehreren Ebenen. Jede Ebene hat ihre besonderen Schwingungen. Hat der Geist im Menschenkörper die dort vorgesehene Prüfung bestanden, kann er auch in den Stufen aufsteigen. Aber der Menschengeist unterliegt im irdischen Leben und im Paradies immer noch den Verlockungen der Teufel. Er muss lernen, ihnen zu widerstehen. Besteht er die Prüfung nicht, bleibt er so lange in der jeweils erreichten Geisterstufe, bis er sich darin erneut bewährt hat. Bei schwerer Verfehlung ist sogar die Zurückversetzung in vergangene Zeitebenen in der erreichten Geisterstufe möglich. Aus dieser Zeitebene muss dann erneut versucht werden, die bereits erreichte Bewährung in der Geisterstufe wieder zu erreichen und sich dann weiter zu verbessern.

Das Paradies ist die Erde in der geistigen Form. Anders ausgedrückt: Die Erde ist die materielle Form des Paradieses. Die Menschengeister, so nenne ich sie, leben dort nach dem irdischen Tod im Paradies ein geistiges Dasein wie auf der Erde in Rassen, Familien, Kirchengemeinden, Staaten usw. Der Geist, das höhere Selbst, hat mehrere Seelen, je nach Bedarf sind es zwei bis neun Seelen, die für ein irdisches Leben erforderlich sind. Diese Geister, die höheren Selbst, sind bereit, sobald sie dazu die Erlaubnis erhalten, für ihre Besserung jeweils Seelen in Menschenkörper zu entlassen, damit sie sich in Menschenleben bewähren und verbessern. Nach jedem irdischen Leben im Menschen, das nach einem Lebensplan verläuft, erfolgt für die Seele und damit für das höhere Selbst eine Prüfung, ob das Ziel der Besserung erreicht wurde. Bis zur vollständigen Bewährung sind so oft Leben im Menschen erforderlich, bis das Ziel der Bewährung erreicht ist. Sobald der Geist dann die Erlaubnis bekommt, wieder Mensch zu werden, beginnt auch die Vorbereitung dafür.

Viertes Kapitel

Die erste Menschwerdung und weitere

Wann und wie beginnt für den ehemals abgefallenen Geist, der sich aus der Höllenebene durch eine Bewährungszeit emporgearbeitet hat, das irdische Menschenleben? Es beginnt, wenn das höhere Selbst sich bis zur Ebene des Menschen bewährt hat und es die Erlaubnis für die Verbesserung in einem Menschenkörper erhält. Dann folgt auch die erste Entscheidung für ein irdisches Menschenleben. Das höhere Selbst wird berechtigt, durch seine Seelen die Bewährung in Menschenleben zu vollenden. Die Freigabe zur Bewährungsstufe Mensch erfolgt meistens bei großen Ausschüttungen von Seelen, die in Abständen von etwa 2000 Jahren, nach irdischer Zeitrechnung gemessen, stattfinden. Die letzte Ausschüttung von Seelen war um die Jahre 1680 n. Chr. und die nächste Ausschüttung wird demnach etwa um die Zeit 3800 n. Chr. sein. Daraus lässt sich schließen, dass fast ohne Ausnahme alle Menschen, die heute leben, bereits irdische Leben gelebt haben. Bei den großen Ausschüttungen erhalten die gefallenen Geister, die sich bis zur Ebene des Menschen verbessert haben, die Erlaubnis, sich in irdischen Menschenleben weiter zu bewähren. Mit dieser Erlaubnis kann das höhere Selbst Seelen für irdische Leben freigeben. Die höheren Selbst, die Geister, haben je nach Bedarf etwa zwei bis neun Seelen. Jedoch nicht alle Seelen des höheren Selbst treten nach der Erlaubnis zur Menschwerdung sofort und gleichzeitig in einen irdischen Menschenkörper ein. Es ist für sie eine Vorbereitungszeit notwendig. In dieser Zeit wird durch die betreffende Seele, die Mensch werden soll, mit der gesamten geistigen Familie ein Lebensplan erarbeitet. Dieser Lebensplan enthält für das gesamte kommende Erdenleben alles, was zur weiteren Verbesserung erforderlich ist. Es stellt sich auch eine weitere Seele zur Verfügung, die dieser Mensch werdenden Seele als ständiger Begleiter beistehen soll. Ob der geistige Führer eine Geschwisterseele oder ein guter oder schlechter Führer ist, ergibt sich bei der ersten und den wiederkehrenden Inkarnationen aus der Aufgabe. Die Zeit, die ein solcher Geist geistiger Führer wird, ist für ihn gleichzeitig eine Vorbereitung auf sein kommendes irdisches Leben. Und letztendlich muss auch ein für das Ziel der Besserung passender Menschenkörper zur Verfügung stehen. Dieser irdische Menschenkörper wird auch von dem Geist und der gesamten geistigen Familie vor dessen Geburt ausgesucht.

Nach dem ersten irdischen Leben werden jedoch weitere irdische Leben notwendig, wenn das Ziel der endgültigen Reife noch nicht erreicht wurde. Das ist in allen Fällen notwendig, denn die irdische Bewährung erfolgt in Stufen, so wie es auch in einem Menschenleben die Lebensjahre sind. Nach dem Tod des irdischen Menschen geht die Seele nach einer Zeit im nachirdischen Vakuum zurück zur geistigen Familie. Dort bleibt sie in der Paradiesebene, bis sie die Erlaubnis zu einem erneuten irdischen Leben erhält. Wird ihr diese erteilt, beginnt erneut die Vorbereitungszeit für eine Inkarnation im Erdenleben. Vor jeder Menschwerdung wird ein neuer Lebensplan erstellt, so wie bei der ersten Vorbereitung nach der Freigabe. Es wird auch wieder der geistige Führer von der geistigen Familie bestimmt. Der geistige Führer ist oft, wenn der Verlauf der Besserung den Vorgaben entsprochen hat, ein Mitglied der geistigen Familie, oft eine Geschwisterseele. So können diese Geschwisterseelen gemeinsam jedes irdische Leben vorbereiten und durchführen. Der geistige Führer ist jedoch nicht immer eine Seele des Guten, sondern kann auch ein weniger guter Geist sein, der dem Lebensplan entsprechend auch dafür zu sorgen hat, dass dort vorgesehene Strafen aus dem letzten oder den vergangenen Leben gebüßt werden. Der Geist des Menschen ist unsterblich. Er ist von Gott geschaffen, und was Gott geschaffen hat, ist ewig. Es ändert sich bei einem irdischen Leben nur die Schwingungsart und die Form vom Geistigen ins Irdische und nach dem irdischen Tod vom Irdischen ins Geistige. Das Dasein im Irdischen ist wie im Geistigen und nach dem Tod im Geistigen wie im Irdischen. Wie im Diesseits, so im Jenseits. Alles, was es im irdischen Leben gibt, gibt es auch im Jenseits, dort jedoch in geistiger, hier in materieller Form.

Die geistige Familie erstellt nach der Entscheidung des Geistes für ein erneutes irdisches Leben miteinander nicht nur den Lebensplan für das kommende irdische Leben, sondern sie bestimmt auch den geistigen Führer. Der geistige Führer ist Führer, Helfer und Schutzengel. Er ist jedoch nicht selbst der Schutzengel, sondern der Ansprechpartner des irdischen Menschen. Er fordert aus der Engelwelt bei Bedarf den zuständigen Engel an. Auch er ist eine Seele eines von Gott abgefallenen Geistes, eines geistigen Wesens, das wir höheres Selbst nennen. Mit der irdischen Geburt tritt der geistige Führer in den neu geborenen Menschenkörper ein. Er ist dann mit diesem Körper bis zu dessen Tod verbunden und verwaltet den erstellten Lebensplan. Er ist Berater und Beschützer. Als ein von Gott abgefallener Geist oder Seele hat er jedoch nicht mehr die Erlaubnis und auch nicht mehr die Fähigkeit, von sich aus tätig zu werden. Er kann und soll dem Menschen beistehen, ihn beraten, ihn schützen. Zu allen Situationen, Hilfen und Fragen fordert er mental die Engel an, die für die betreffende Situation ausgebildet sind. Diese Engel helfen sofort mittels ihrer geistigen Kraft, es sind dann die Engel, die den Menschen schützen, sie sind die Schutzengel, die tätig werden. Sie sind die Engel, die helfen oder schützen!

Der geistige Führer ist, wie gesagt, für das gesamte Leben ein Teil des irdischen Körpers. Dieser Körper besteht nicht nur aus dem sichtbaren Teil, sondern zum Körper gehört auch eine sogenannte Aura. Es gibt außer dem sichtbaren irdischen Körper sieben unsichtbare, geistige Körper, die den irdischen Körper durchdringen und über ihn hinausragen und in denen alle wichtigen Lebensfunktionen vorhanden sind. Diese Körper durchdringen den irdischen Körper völlig und enden schichtweise außerhalb des sichtbaren irdischen Körpers wie unsichtbare Hüllen. Diese Aurakörper enthalten wichtige Lebensfunktionen. Im emotionalen Körper ist es z. B. die Seele, im Astralkörper der geistige Führer. Die Aura ist Teil des dualen Körpers, sie ist irdischer Teil des

Körpers, jedoch nicht sichtbar. Aber diese Aurakörper sind fühlbar und für bestimmte Personen auch sichtbar zu machen. Den für das kommende Leben erstellte Lebensplan, in dem alles vorhanden ist, was für eine Verbesserung der Seele notwendig ist, verwaltet der geistige Führer. Der Lebensplan ist sozusagen das Handbuch des Lebens in geistiger Form. Nach der Vorgabe des Lebensplanes soll das folgende Leben ablaufen. In den irdischen Leben wird jedoch die völlige Verbesserung nicht oder nur in Ausnahmefällen erreicht werden. Es werden daher so viele irdische Leben notwendig, wie es zum Erreichen der völligen Besserung erforderlich ist. Darauf wird später ausführlich eingegangen. Erfolgt durch ein irdisches Leben eine Besserung, kann der Menschengeist sich in der seelisch-geistigen Entwicklung stufenweise verbessern und in der im Paradies vorhandenen Geistersphäre aufsteigen. Es ergibt sich im irdischen Leben in der seelisch-geistigen Entwicklung eine Steigerung in insgesamt 35 Stufen. Diese sind eingeteilt in 5 Gruppen mit jeweils sieben Stufen. Diese Gruppen sind die Stufen 1–7, die Unwissenheit und die materielle Welt. Danach folgt die Gruppe mit den Stufen 8–14, das Lernen und das Erkennen, die niedere Geisteswelt, dann die Gruppe mit den Stufen 15–20, Reifung und Weisheit, die höhere Geisteswelt, und die Gruppen mit den Stufen 21–27 und 28–35, die reine Geisteswelt. Von dem Ablauf der Erdenleben hängen die seelisch-geistigen Entwicklungen und die Einordnungen in die Stufen, die erreicht werden, ab. Das hat jedoch nichts mit irdischem Leben, Erfolgen und Ehrungen zu tun. Maßgebend sind nur die Verbesserung des Geistes und die seelisch-geistige Entwicklung der Seele. Das erste Leben beginnt logischerweise in der unteren, der ersten Stufe, aus der ein weiterer Aufstieg durch Verbesserung erreicht werden kann und soll. Aus einer Stufe der Entwicklung, in der er ein irdisches Leben gelebt hat, kann der Geist, wenn er sich verbessert hat, nach dem irdischen Tod des Menschen je nach Verlauf des vergangenen Lebens dann in eine höhere Geisterstufe aufsteigen. Hat er das Examen der Bewährung nicht bestanden, bleibt er in der bisher erreichen Stufe. Dort wird dann, wenn erforderlich, ein entsprechendes erneutes irdisches Leben vorbereitet. Dann wird auch die Entscheidung fallen, in welcher Form und Art das folgende Leben ablaufen soll, aber auch in welchem irdischen Körper. Nach der Aufarbeitung des vergangenen Erdenlebens und wenn erneute Leben zum Erreichen der Besserung notwendig sind, folgt die Reinkarnation, das ist die geistige Wiedergeburt des Geistwesens. Es beginnt dann die Vorbereitung für ein erneutes Erdenleben in einem anderen Körper. Es ist nicht die Wiedergeburt des irdischen Körpers, denn der zerfällt nach dem Tod, sondern die des Geistes. Weitere Leben werden so lange notwendig, bis die letzte Stufe der Besserung erreicht wurde.

Die Entscheidung für ein erneutes irdisches Leben muss jede Seele nach dem irdischen Tod und dem Verlassen des Menschenkörpers selbst treffen. Nach dem irdischen Tod muss die Seele in dem darauf folgenden nachirdischen Vakuum selbst ermitteln, wie das vergangene Leben für die Verbesserung der Seele verlaufen ist. Das Ergebnis bewertet die Seele selbst. Aus dem Ergebnis ergibt sich, ob und in welcher Art das folgende Erdenleben sein soll. Das dem nachirdischen Vakuum folgende geistige Leben bestimmt die erreichte seelisch-geistige Entwicklungsstufe. Auch die Eingruppierung in die folgende Geisterstufe wird festgelegt. Dann beginnt, wenn sich daraus ergibt, dass ein erneutes irdisches Leben erforderlich ist, die Entscheidung zur Reinkarnation und zu einer erneuten Wiedergeburt des Geistes in einem Menschenkörper. Es ist die irdische Wiedergeburt des Geistes, des höheren Selbst, nicht die Wiedergeburt des irdischen Leibes. Der irdische Körper wird nicht wiedergeboren. Er ist und bleibt ein Teil der materiellen und nicht der geistigen Welt. Der irdische Körper, als Teil der materiellen Welt, ist vergänglich und nach dem irdischen Tod ist und bleibt er tot und zerfällt in die Bestandteile der Erde, aus der der materielle Körper geschaffen wurde, sobald die Seele des höheren Selbst nicht mehr in ihm ist. Dabei ist es völlig gleich, ob und wie der irdische Körper nach dessen Tod beerdigt wird. Der irdische Körper kann nicht erhalten werden, er geht immer zurück zur Erde. In einem dann folgenden Lebensplan für ein neues Erdenleben ist alles enthalten, ob das Leben im männlichen oder weiblichen Körper erfolgt, ob und Strafen für die in vergangenen Leben begangenen Taten im Ungehorsam gegen Gott gebüßt werden müssen oder was zur Verbesserung vorgesehen ist usw. Der Geist hat ein geistiges Geschlecht, das er in allen Leben behält, er bekommt nur für ein erneutes irdisches Leben den für seine Besserungsaufgabe erforderlichen Körper.

Oft, jedoch nicht zwingend erforderlich, werden die Seelen, die männliche die weibliche Partnerseele für das irdische Leben zum gleichen irdischen Zeitraum in jeweils anderen menschlichen Körpern geboren. Dann leben die Partnerseelen zusammen, als Ehepaar, als Geschwister, als Vater oder Mutter, als Kind oder anders verwandt oder bekannt. Als Mensch ist diesen Menschen diese Seelenbeziehung nicht bewusst und auch nicht bekannt. Oft spricht man jedoch von einer Seelenverwandtschaft, wenn unerklärliche Vorgänge und Gemeinsamkeiten festgestellt werden.

Der Menschengeist bleibt jeweils nach dem irdischen Tod bis zu einem erneuten irdischen Leben im Paradies. In der Zeit vor der Entscheidung zur Wiedergeburt, die etwa so lang wie das vergangene Erdenleben dauert, lebt und bearbeitet der Geist des Menschen das vergangene Leben nach und bewertet es in Zusammenarbeit mit seiner geistigen Familie. Nach der Entscheidung für eine Wiedergeburt bleibt der Geist zunächst in seiner geistigen Familie und bereitet sich auf die erneute Menschwerdung vor. Auch diese Zeit dauert etwa so lang wie das vergangene Erdenleben. Diese geistige Ebene, in der sich die Seele und ihr höheres Selbst nach dem irdischen Tod bis zur erneuten Menschwerdung befinden, ist das sogenannte Paradies. Das Paradies ist nicht der Himmel, dem der Menschengeist ursprünglich entstammt, sondern eine Ebene zwischen der Hölle und dem göttlichen Universum. Im Paradies behält der Geist dabei geistig seine bisher erreichte Form und Entwicklung bei. Er bleibt das Ebenbild des verstorbenen Körpers. Aber an das Dasein, das der Geist als Engel vor dem Sündenfall hatte, hat der sich im Paradies befindliche Menschengeist dagegen keine Erinnerung mehr.

Fünftes Kapitel

Das Leben bis zur irdischen Geburt

Nach der Entscheidung für ein erneutes irdisches Leben beginnen in der geistigen Ebene des Paradieses die Vorbereitungen für die erneute Menschwerdung. Die Seele des höheren Selbst, die für das irdische Leben des höheren Selbst vorgesehen ist, hat sich für die Menschwerdung bereit erklärt. In Zusammenarbeit mit der geistigen Familie wird der Lebensplan für das kommende irdische Leben erarbeitet. Grundlage dafür ist das Ergebnis der im nachirdischen Vakuum nach dem Tod des irdischen Körpers im letzten Leben festgestellten Verbesserung. Alle Fehler, jedes Fehlverhalten, jede Untreue zu Gott, die dabei noch nicht beseitigt wurden, werden im folgenden Lebensplan erneut aufgenommen. Sie müssen alle im folgenden Leben abgearbeitet werden. Die Zeit bis zum irdischen Lebensanfang ist in etwa so lang wie das folgende Erdenleben. Es ist sozusagen die Generalprobe dafür. In dieser Zeit übernimmt die Seele des zukünftigen Menschen, wenn es erforderlich ist, auch die Aufgabe eines geistigen Führers für einen Mensch werdenden Körper.

Zur erneuten Menschwerdung in einem irdischen Körper wird der dazu passende Körper zur Menschwerdung ausgesucht und angefordert. Dieser menschliche Körper muss dann alle Bedingungen für das folgende Leben der Seele erfüllen. Das ist bei Menschen der genetisch-irdischen Folge am Besten möglich. Wenn der für ein erneutes irdisches Leben vorgesehene menschliche Körper dann gezeugt wurde, beginnt die Seele im passenden Astralkörper – das sind die menschlichen Körper, die zwar materiell, jedoch nicht sichtbar sind – schon im Mutterleib zu wachsen. Es wächst der Fötus des gezeugten Menschen im Körper der Mutter in die Form der Seele hinein. Der Fötus ist zunächst ein Teil des Mutterkörpers und entwickelt sich im Körper der

Mutter zum lebensfähigen Menschen. Nach etwa drei Monaten ist der Fötus zum lebensfähigen Körper gewachsen, und die vorgesehene Seele geht mit der ihr eigenen Lebensenergie in diesen Körper. Dann beginnen auch die eigenständigen Körperfunktionen des werdenden Menschen, es beginnt das Leben. Dann werden alle Grundfunktionen, die der werdende Körper zum irdischen Leben braucht, bereits im Mutterkörper entwickelt und erlernt. Es entwickelt sich der werdende Mensch im Mutterleib bis zum lebensfähigen, irdischen Körper, je nach der Anforderung und der Bestimmung des Lebensplanes zum männlichen oder zum weiblichen Menschen. Ob der Körper männlich oder weiblich sein soll, wurde allerdings schon bei der Erstellung des Lebensplans festgelegt. Ein Teil des höheren Selbst, die Seele, ist bereits ständig Bestandteil des werdenden Menschen.

Zum vorgesehenen Zeitpunkt erfolgen dann die Geburt und die Trennung der Nabelschnur vom Mutterkörper. Es ist der Anfang des eigenständigen irdischen Lebens. Ein Energieband zwischen Mutter und Kind besteht danach auch weiterhin das gesamte Leben lang. Ist bei der irdischen Geburt keine Seele im Menschenkörper, fehlt die Lebensenergie und der Mensch ist nicht lebensfähig.

Sechstes Kapitel

Das Leben als Mensch

Mit der Geburt beginnt für den Geist das eigenständige, menschliche Leben. Das eigenständige Leben beginnt mit der Trennung der Nabelschnur. Wenn sich zu diesem Zeitpunkt keine Seele des höheren Selbst im Körper befindet, ist dieser Körper tot und nicht lebensfähig. Die Seele ist die geistige Lebenskraft, die Seele ist das Leben. Diese Lebenskraft wird über das gesamte Leben aus dem Universum dem höheren Selbst bereitgestellt. Es ist die universelle Lebenskraft des Menschen. Das Gesamtbewusstsein ist von Beginn an in geistiger Form bei der Seele enthalten und ist damit ein Teil des Menschen. Das Gesamtbewusstsein enthält alles aus allen vergangenen Leben, alles ohne Ausnahme, jeden Augenblick aller gelebten irdischen Leben. Es ist die gesamte Dokumentation des Verlaufs aller bisher vergangenen Menschenleben. Alle vorherigen Leben sind dort gespeichert und das folgende Leben wird ihm hinzugefügt werden. Im irdischen Leben ist das Vorhandensein dieses gesamten Bewusstseins dem Menschen jedoch nicht bekannt und auch nicht direkt und nicht durch Menschenwillen zugänglich. Für das beginnende Menschenleben bildet sich zusätzlich ein eigenes Bewusstsein für das kommende Leben. Das Gedächtnis ist ein Teil davon. Es ist ein Teil des Gesamtbewusstseins. Es ist für das kommende Leben der Arbeitsspeicher, der das Lebensprogramm enthält, und es steuert alles, was unbewusst im Körper abläuft. Aus dem Gesamtbewusstsein können bei Bedarf, wenn es für den momentanen Lebensabschnitt erforderlich ist, durch die Veranlassung des geistigen Führers bestimmte Teile in das momentane Bewusstsein geholt beziehungsweise bewusst gemacht werden und stehen dann im menschlichen Gehirn zur Verfügung, sie werden dann bewusst.

Der Inhalt des Bewusstseins wird beim irdischen Tod des Leibes vollständig ins Gesamtbewusstsein übertragen und wird damit Teil des Gesamtbewusstseins. Das Gesamtbewusstsein ist der dauerhafte Speicher für alle irdischen Leben des Geistes. Es enthält die lückenlose Aufzeichnung aus allen irdischen Leben von der ersten bis zur letzten Inkarnation. Es ist ein Teil des höheren Selbst und bleibt nach dem Tod des Menschen bei der Seele.

Das irdische Leben der geistigen Seele im Menschenkörper ist ein Examen. Es dient jeweils der Verbesserung des gefallenen Geistes und auch der Arterhaltung der Menschheit. Das irdische Leben ist wie das Leben des Geistes im geistigen Leben des Paradieses ein duales Leben, das heißt, alles, was irdisch ist, ist dual, es ist Yang und Yin, richtig oder falsch, gut oder schlecht.

Im Unterschied zum höheren, geistigen Dasein, in dem es nur Wahrheit gibt, bestimmt das Vorhandensein der beiden Gegensätze jedes Erdenleben. Es ist die Bewährung. Der Mensch und der Menschengeist sollen und müssen sich immer und jederzeit zwischen falsch und richtig entscheiden. Dabei wird der Mensch sowohl dem Einfluss des Guten als auch des Bösen ausgesetzt. Er als Mensch muss sich immer entscheiden. Diese Entscheidung ist Grundlage des Bewusstseins. Der Geist im Menschenkörper muss ebenfalls lernen, das Gute zu erkennen. Aus diesen Lernprozessen ergibt sich letztendlich die Verbesserung des Geistes. Der Mensch und der Geist leben bis zur vollständigen Besserung und der danach erfolgenden Erlösung vom Dualen sowohl im irdischen Bereich der Erden und in den Ebenen des Paradieses. Die materielle Welt und auch das Paradies ist die Welt und das Reich Satans (Luzifers). Die Unterwelt Luzifers versucht hier immer noch, die sich in der Bewährung befindlichen Geister zum Ungehorsam gegen Gott zu verführen und zur Rückkehr ins Reich des Teufels zu bewegen. Dafür stellen die Teufel dem Geist und auf der Erde den Menschen alles Schöne, alles Bequeme, alles Angenehme, wie Wohlstand und Reichtum, in Aussicht, wenn sie sich von Gott abwenden und dem Teufel folgen. Die Menschen werden so zunehmend verführt und verfallen dem Satan, ohne zu wissen, dass sie damit die Rückkehr ins Licht aufs Spiel setzen. Jederzeit sieht man im Irdischen, wie Menschen dieser Verlockung verfallen. Bedenkenlos folgen sie den angenehmen Verlockungen, ohne zu wissen, welchen Schaden sie sich damit zufügen. Aber auch die gute Geisterwelt versucht, die Menschen vom Guten zu überzeugen. Sie sind bestrebt, dem Menschen zum Guten zu beeinflussen und zur Entscheidung für die Wahrheit. So wird der Menschengeist, der im irdischen Leben nicht mehr weiß, wie es im Licht ist, stets durch die Unterwelt zum Abfall von Gott und durch die gute Geisterwelt zum Leben im Sinne Gottes beeinflusst. Beides beeinflusst den Menschen, das Gute und das Böse. Immer müssen sich der Mensch und seine Seele entscheiden. Beides, Gut und Böse, ist jedoch gleichwertig und ein Teil des dualen Lebens. Im Grunde gibt es nichts Schlechtes. Beides ist notwendig, denn ohne das Böse kann es kein Gutes geben. Das eine bedingt das andere. Durch die Erfahrung des Schlechten entsteht das Gute. Wer keine Fehler macht, kann das Richtige nicht erkennen und erfahren. Nur durch die Gegensätze ist ein Lernprozess möglich. Jeder muss sich deshalb immer entscheiden für richtig oder falsch. Aus der Erfahrung und der Entscheidung für das Richtige entsteht die Verbesserung des Geistes. Aus der Erfahrung wird man das Gute erreichen. Der Mensch muss lernen, sich zum Guten zu verbessern. Wer sich bewusst dem angenehmeren, jedoch bösen Leben zuwendet, wird sich nicht verbessern und er muss so oft Mensch werden und als Mensch leben, bis er gelernt hat, im Sinne der Erlösung zu leben und lernen, wie er sich verbessern kann.

Das Böse oder das Schlechte, das der Mensch bewusst tut, um andere Menschen oder Lebewesen zu schädigen oder der gewollte Ungehorsam gegen Gott ist Sünde und muss gebüßt werden, entweder in dem vorhandenen oder in folgenden Leben. Auch deshalb hat der Menschengeist nach der Geburt keine Erinnerungen mehr an die vergangenen Leben, damit er jedes Leben erlernt. Das Bewusstsein für das neue Leben ist frei von allen bisherigen Lebenserinnerungen. Alle Vorgänge der vorhandenen Welt sind dem Geist nach der irdischen Geburt eines Menschen unbekannt. Alles, was der neugeborene Mensch von jetzt ab wahrnimmt, muss er und damit der Geist im Menschen erlernen. Er muss seine eigenen Erfahrungen machen. Dabei sind ihm seine Eltern, insbesondere die Mutter, als Berater und Lehrer behilflich. Er lernt das, was er mit seinen angeborenen Sinnen wahrnimmt. Er muss eigene Erfahrungen machen, wird lernen, zwischen richtig oder falsch zu entscheiden. Richtig und falsch sind gleichwertig, ohne Fehler ist das Fehlerlose nicht möglich, wo kein Nein ist, ist auch kein Ja! Wer keine Fehler macht, kann nicht lernen. Aus den gemachten Fehlern lernt man, das Richtige zu tun. Die ersten Lebensabschnitte des Menschen, die Kindheit und die Jugend sind der Beginn der Lernphase des Lebens, obwohl der Körper auch im Mutterleib bereits Erfahrungen macht. Maßgebend ist, dass aus dem Lernprozess das Gute erkannt und gelebt wird. Wenn sich ein mehr an Gutem in der Summe ergibt, ist auch eine Besserung möglich.

Das irdische Leben besteht aus drei Abschnitten. Der erst Abschnitt, etwa 1/3 eines irdischen Lebens (ca. 25 Jahre), ist das Lernen, der zweite Abschnitt (ca. 25 Jahre) ist das aktive Leben und der dritte Abschnitt (ca. 25 Jahre) der Ausklang des Lebens. Damit wäre im Durchschnitt ein Leben von 75 Jahren erfüllt. Wie lange jedoch die einzelnen Abschnitte und das jeweilige Leben dauern, ist im Lebensplan festgeschrieben. Sie sind unterschiedlich lang und die Dauer des Lebens ist dem Menschen nicht bekannt!

Das Leben auf der Erde, das materielle Leben, lebt der Mensch nach den Vorgaben des Lebensplanes. Dazu steht ihm der geistige Führer zur Seite. Dieser geistige Führer ist geistig und ein Teil des Menschen und bis zu seinem irdischen Tod bei ihm. Er ist da, ohne dass es der Mensch wahrnimmt oder es wissen muss. Er berät den Menschen mental über dessen Unterbewusstsein, er führt ihn sozusagen im Stillen. Er ist der Ansprechpartner des Menschen. Jeder Gedanke, jeder gelebte Augenblick geht über den geistigen Führer, den ständigen Begleiter. Er ist für den Menschen der Schutzengel. Um den Menschen zu beschützen und zu führen, steht dem geistigen Führer die gesamte Geisterwelt, sowohl die Gute, das sind die Engel, als auch das Böse, das sind die Teufel, jederzeit ohne Zeitverzug zur Verfügung. Jeder

Gedanke des Menschen wird sofort vom geistigen Führer richtig erkannt. Er entscheidet sofort, ob und welche Geister er anfordern muss. Wer jedoch die Existenz der Geisterwelt nicht erkennt oder ablehnt, obwohl es für ihn möglich ist, kann auch nicht viel Hilfe von ihr erwarten. Dann muss er selbst, ohne geistige Hilfe, Erfahrungen sammeln. Diese können aber auch sehr schmerzhaft sein. Der ständige Begleiter, der geistige Führer, ist auch nicht immer das Gute oder das Optimale, wie man annehmen könnte oder wie man es möchte. Es ist immer der Führer, der zur Erfüllung des Lebensplans eingesetzt wurde. Ein irdisches Leben, das als Buße oder Strafe gelebt werden muss, wird vom ständigen Begleiter auch in diesem Sinne dem Lebensplan entsprechend geführt. Der geistige Führer handelt nach dem Lebensplan und nach dem, was momentan erforderlich ist.

Der erste Abschnitt ist das Lernen und Erfahren, sowohl für den Menschen als auch für den Geist. Alles muss neu erlernt werden, eine Erinnerung aus vergangenen Leben gibt es nicht. Dem jungen Menschen stehen jedoch die Eltern, die Geschwister, seine Familie, seine Lehrer usw. zur Seite. Die Menschen leben auf der Erde so wie die Menschenseelen auch im Jenseits miteinander und in Familien. Die Familie ist die Idealform des Zusammenlebens. In die Familie wird der Mensch geboren, dort erlebt er die Kindheit, hat dort die notwendige Geborgenheit und Zuneigung, die er zur notwendigen körperlichen und geistigen Entwicklung braucht. In der Familie hat jeder seine Aufgabe.

Der zweite Lebensabschnitt ist die aktive Phase. Hier wird eine eigene Familie gegründet. Es ist die Zeit, die zur Arterhaltung notwendig ist. Dazu ist das Leben von weiblichen und männlichen Menschen erforderlich. Menschen werden so wie alle Lebewesen der Natur bzw. der irdischen Schöpfung durch die Verbindung von weiblichen und männlichen Lebewesen der gleichen Art gezeugt. Das ist bei allen Lebewesen so, ohne Ausnahme.

Der dritte Lebensabschnitt ist der Ausklang eines irdischen Lebens. Es ist die Zeit, die der Mensch für sich nutzen kann und soll. Es ist der Abschnitt der Ruhe, jedoch auch die Zeit bis zum irdischen Tod.

Zum Erdenleben steht dem Menschen von dem, was die Natur zur Verfügung stellt, alles, was er zu seiner Existenz benötigt, zur Verfügung, nicht mehr! Das Anhäufen von Ansehen und Reichtum, auch das Übermaß, kann, wenn es nicht dem Lebensplan entspricht, für das Verbessern negativ sein. Reichtum dagegen ist keine Schande, wenn dieser dem Guten dient. Aber Jesus hat auch gesagt: „Eher geht ein Kamel durch ein Nadelöhr, als dass ein Reicher in den Himmel kommt!" Im irdischen Leben ist aber der Glaube an Gott die Voraussetzung für den Erfolg eines Erdenlebens, für das Bestehen des Examens, ganz gleich, in welcher Form und in welcher Religionsgemeinschaft das stattfindet. Es ist dazu auch keine besondere Intelligenz notwendig, denn jeder Mensch bekommt für sein Erdenleben die notwendige Intelligenz für den Auftrag, den er zu erfüllen hat.

Gott ist der Schöpfer, alles ist aus ihm entstanden. Der Versuch, Gott zu begreifen, ist zum Scheitern verurteilt. An Gott kann man nur glauben. Ganz gleich, wie man Gott auch nennen möchte, es gibt nur einen Gott. Was ist denn die Natur, wenn sie nicht Gott ist? Und was ist der Mensch, was ist ein Geschöpf, was ist die Natur, das Universum? Ist nicht alles ein Geschöpf Gottes, ist es nicht das, was geschaffen wurde, ist nicht alles Gott? Warum muss man bezweifeln, was man nicht begreifen kann? Die Zugehörigkeit zu einer Religionsgemeinschaft kann nützlich sein, ist jedoch keine Bedingung. Naturvölker kannten den Begriff Gott nicht. Sie haben möglicherweise niemals von Christus und seinem Erlösungsplan gewusst. Haben sie deshalb etwa nicht an Gott geglaubt, haben sie nicht auch den ihnen gestellten Lebensauftrag erfüllt? Religionsgemeinschaften sind Zusammenschlüsse im Glauben gleich denkender Menschen. Sind dagegen nicht Sekten oder von irrenden Menschen geschaffene Religionen, die eine Existenz Christus leugnen, nicht die Verhöhnung und Beleidigung Gottes? Diese selbst ernannten Religionsführer, die Anhänger Satans sind, Gott leugnen und sich eigene Propheten schaffen, werden dafür ihre gerechte Strafe erhalten. Und doch sind diese Sekten oder geschaffene Religionen ein Teil der dualen Welt, die deshalb dual ist, damit die Menschen lernen, die Wahrheit zu erkennen und sich für diese Wahrheit zu entscheiden. Jedoch ist die Zugehörigkeit zu einer Religionsgemeinschaft beispielsweise zum eigenen finanziellen Vorteil in jedem Fall Sünde. Den Himmel kann man nicht kaufen! Das irdische Leben des Geistes im Menschen, das höhere Selbst ist eine Aufgabe, die der Verbesserung des Geistes dient und nicht irdischem Ruhm und Wohlstand. Menschen, die Ruhm und Wohlstand haben und dies zum Nutzen der Menschheit einsetzen, wurden dazu bestimmt. Es ist dann ihre Lebensaufgabe, die sie darin erfüllen müssen. Im irdischen Menschen kann der Geist, die Seele des höheren Selbst sich dem Erlösungsplan entsprechend verbessern. Nur wer als Mensch diese Aufgabe im Sinne der Schöpfung und des vorgegebenen Lebensplans lebt, der kann sich und damit die Seele des höheren Selbst, des gefallenen Geistes der Erlösung näher bringen. Der Schlüssel des Lebens dazu ist die Liebe, nicht die körperliche, sondern die Liebe zu Gott, zur Natur, zu den Menschen. Gott ist Natur und Natur ist Gott! Als Mensch muss man die Natur nutzen, pflegen und schützen, wie sich selbst, denn auch wir Menschen sind Teil der Natur. Ist es nicht besser, einer Fliege ihre Freiheit zu geben, als sie zu töten? Sie ist ja ein Geschöpf Gottes, wie alles andere in der Natur. Die Liebe zur Natur ist kein Lippenbekenntnis, sie soll und muss gelebt werden. Im irdischen Leben ist der Kontakt zur Geisterwelt nicht unbedingt erforderlich, jedoch möglich. Der mögliche Kontakt zu den Geistwesen, insbesondere zum geistigen Führer, ist der Zugang zu einer wunderbaren Welt, zu einer Welt im Universum, die mit den fünf Sinnen des Menschen normalerweise nicht wahrnehmbar ist. Es ist eine Belohnung, diesen sechsten Sinn, den Sinn für die Geisterwelt, zu haben. Dabei muss man jedoch den Kontakt zu den bösen Geistwesen, zu den Teufeln vermeiden. Wie die guten Geister so haben nämlich auch die Teufel das Recht und vielleicht sogar die Pflicht zu versuchen, die Menschen zum Bösen zu verführen. Daraus müssen die Menschen lernen, das Gute zu tun und das Böse zu meiden. Der Umgang und die Teilnahme an den bekannten spiritistischen Sitzungen muss man unterlassen, es ist Teufelswerk, um Menschen zum Abfall von Gott und zur Gefolgschaft des Bösen zu verführen. Um den Kontakt mit der guten Geisterwelt zu bekommen, muss sich jedoch die Schwingungsebene des Menschen erhöhen. Die Schwingung der Energie, die der Mensch zum Beginn des Lebens erhält, ist niedrig. Es ist die Energie, die zum Überleben erforderlich ist, mehr nicht. Jedoch ist eine Erhöhung der Energieebene das Ziel des Lebens. Es ist die Verbesserung im irdischen Leben. Ein Leben im Sinne der Schöpfung ergibt diese Steigerung der Schwingung. Das kann durch eigenes Wollen, durch Meditation, Yoga, Reiki usw. begünstigt werden, ist jedoch in jedem Fall das Ergebnis der eigenen, positiven Lebenseinstellung. Mit jedem irdischen Leben kann und soll sich die Schwingung der Energie des Geistes und damit des Menschen erhöhen.

Der Kontakt des irdischen Menschen zum persönlichen, geistigen Führer ist immer, wenn man eine höhere seelisch-geistige Reife erreicht hat, möglich und von der Geisterwelt sogar erwünscht. Diese höhere seelisch-geistige Reife wird im Laufe der gelebten Leben bei einem entsprechenden Verlauf mit Leben in Gott und der Natur erreicht werden. Die Kontaktaufnahme wird von der Geisterwelt ermöglicht. Sie schafft die Voraussetzungen dafür und wird dann auch den betreffenden Menschen mental informieren. Die Kontaktaufnahme kann jederzeit erfolgen und sie ist auf viele Arten möglich, man muss es nur ehrlich wollen. Aus Sensationsgier, Neugierde oder in der Hoffnung auf finanziellen Vorteil oder sogar mit dem Wunsch, im Himmel bevorzugt zu werden, ist ein Kontakt nicht möglich. Er muss immer durch den Willen, mit der guten Geisterwelt in Kontakt zu treten, verbunden sein. Das Ziel ist, die Seele in ihrem Verbesserungsbestreben zu unterstützen. Zur Kontaktaufnahme sollte man auch die Hilfe der Menschen in Anspruch nehmen, die selbst Kontakt haben. Wie ich zu einem Kontakt mit meinem geistigen Führer gekommen bin, beschreibe ich auch in den folgenden Teilen dieses Buches.

Siebtes Kapitel

Das Leben nach dem Tod

Das Ende eines irdischen Lebens ist der Tod des irdischen Körpers. Das höhere Selbst mit Geist und Seele verlassen dann den irdischen Körper, der danach in die Bestandteile der Erde zerfällt. Geist und Seele befinden sich dann weiter in der geistigen Welt. Sie sind ein Teil des höheren Selbst und sind damit unsterblich. Der Tod tritt ein mit Ablauf der im Lebensplan festgesetzten Lebenszeit. Damit endet das irdische Leben. Wie und wann das Leben endet, ist dem Menschen nicht bekannt. Der Tod kann plötzlich oder nach Krankheit, Unfall usw. enden. Der normale Tod ist der Tod nach Erreichen eines bestimmten Alters, wenn der Lebensplan nicht eine andere Todesart vorgesehen hat. Im Gegensatz zu den Menschen, die vor der Sintflut gelebt haben und bis zu tausend Jahre alt werden konnten, wurde das Leben der Menschen nach der Sintflut auf eine kürzere Zeit bemessen, der Mensch sollte nicht mehr so lange wie bisher leben. Ein Menschenleben soll höchstens 150 Jahre dauern, jedoch endet es meistens früher.

Was geschieht nun nach dem irdischen Tod? Der Mensch ist irdisch tot, wenn der Geist mit seiner Seele den Körper verlassen hat. Solange der Körper noch mit eigener Funktion lebt, ist er nicht tot, auch wenn der Körper keine Reaktionen mehr zeigt. Also ist ein Mensch im Koma nicht tot, solange der Körper mit eigener Lebensenergie lebt. Auch wenn keine Gehirnfunktionen mehr erkennbar sind, ist der Mensch nicht tot. Auch wenn alle körperlichen Funktionen gelähmt sind, kann der Mensch trotzdem eine Wahrnehmung seiner Umwelt haben. Die Lebensenergie ist die Seele des höheren Selbst im Menschen, und erst wenn diese den irdischen Körper verlassen hat, ist der irdische Körper tot. Wenn der Geist und die Seele des höheren Selbst den Körper verlassen haben, ist der Körper nicht mehr lebensfähig, es fehlt dann die universelle Lebensenergie, der menschliche Körper stirbt, er ist dann tot.

Nach dem Tod des Körpers folgt eine Phase, in der der Menschengeist und die Seele noch über ein Energieband mit dem Körper des verstorbenen Menschen verbunden sind. Der Geist bleibt noch eine gewisse Zeit in der Nähe des verstorbenen Körpers. Er ist noch in der bisherigen irdischen Sphäre. Bis zur Beerdigung und eine gewisse Zeit danach ist er noch in der Nähe des gestorbenen Körpers. Er (der Geist) kann alles mental wahrnehmen, was mit seinem Körper geschieht, hört jedoch nicht, was gesprochen wird und er kann sich auch nicht mehr bemerkbar machen. Das Sprechen ist materiell und das Materielle kann der Geist nur mental wahrnehmen. Tote, die schon verstorben waren, jedoch reanimiert wurden, berichten fast alle, dass sie neben oder über ihrem Körper waren, alles sahen und ein angenehmes Gefühl des Lichts, der Wärme, der Liebe gespürt haben. Sie waren enttäuscht, dass sie wieder in den irdischen Körper zurück mussten.

Beim Eintritt des Todes verlassen der Geist und die Seele den Körper. Seele und Geist sind untrennbar. Eine Auferstehung des irdischen Körpers gibt es nicht. Der irdische Körper ist materiell und zerfällt nach dem Tod in die Bestandteile der Erde. Unsterblich ist jedoch der Geist mit seiner Seele. Dieser muss, es sei denn, dass er das Ziel der Bewährung schon erreicht hat, erneut so viele Leben in anderen menschlichen Körpern leben, bis er die höchste Geisterstufe erreicht.

Durch seine geistig seelische Entwicklung hat er dann die Vollkommenheit wieder erreicht. Nur dann kann er aus der letzten Ebene der Geisterstufen ins Licht aufsteigen. Hat der Geist durch seine Besserung die Vollkommenheit erreicht, bleibt er in der letzten Stufe der Paradiesebene. Er ist dann mit allen Geschwisterseelen im höheren Selbst vereint und das höhere Selbst ist aufgestiegener Meister und wird am jüngsten Tag als Geist auferstehen und wieder ins Reich Christi eingegliedert, wie es die Bibel berichtet.

Die Zeit, in der ein Menschengeist nach dem irdischen Tod beim Körper bleibt, dauert etwa drei Tage oder auch mehr, jedoch bis nach der Beisetzung des Körpers. Bei der Beisetzung ist er mit Sicherheit beim Sarg. Hellsichtige Menschen können diesen Geist in der Form des Verstorbenen sehen. Mithilfe des geistigen Führers kann das Sehen des Menschengeistes, wenn es die Geisterwelt für erforderlich hält, erlernt und erreicht werden. Nach der Beisetzung des irdischen Leibes bleibt der Menschengeist dann noch etwa hundert Tage mit dem bestehenden Energieband verbunden. Er befindet sich so lange noch in der bisherigen irdischen Sphäre, in der Nähe des verstorbenen Körpers. In dieser Zeit von etwa hundert Tagen ist der Kontakt mit dem Verstorbenen noch mental möglich, auch aus der Entfernung, allerdings nur auf der mentalen Ebene. Dabei nimmt der Geist jedoch nichts Irdisches mehr wahr, er ist dann im Universum. Der Kontakt besteht nur mental durch die Vermittlung des geistigen Führers der irdischen Kontaktperson. Die Kontaktperson muss jedoch dazu mentale Fähigkeiten besitzen.

Beim Sterben des irdischen Körpers und bei dessen Tod sind die Geister der geistigen Familie bei dem Geist und der Seele, um sie abzuholen und ins Licht zu führen. Folgt der Geist ihnen, geht er zunächst in eine geistige Ebene, die nicht mehr an den irdischen Raum gebunden ist. Er ist aber in der Nähe des letzten Lebensraumes. Die Zeit in dieser bisherigen Sphäre dauert so lange, bis eine Prüfung, die darauf folgt, beendet ist. Es gibt Menschengeister, die von ihrem Tod so überrascht wurden, dass der Geist sich weigert, ins Licht zu gehen oder sich weigert, das bisherige Leben zu verlassen. Oft sind diese Geister von Menschen, die glauben, sie dürften ihre Partner, ihr Vermögen, ihr Ansehen, ein bequemes Erdenleben usw. nicht verlassen. Sie werden aber nicht gezwungen, ins Universum zu gehen, sondern können in der irdischen Sphäre bleiben. Doch sie sind dann erdgebundene Geister, die ohne Aufgabe, ohne geistige Hilfe geistig in der materiellen Welt bleiben. Oft wissen sie gar nicht, dass ihr Körper gestorben ist. Sie kommen dann jedoch aus eigenem Wollen nicht wieder ins Licht, sie sind darauf angewiesen, dass ein lebender

Mensch sich für ihn einsetzt oder dass sie durch die Gnade Gottes ins Licht gelangen. Dieser Zustand als erdgebundener Geist kann sehr lange, auch über viele Generationen hinaus, dauern.

Es gibt auch Fälle, in denen eine Seele dieser erdgebundenen Geister gleichzeitig einen Menschenkörper zusätzlich zu einer bereits eingetretenen Seele besetzt und in diesem Körper weiterlebt. Das sind die Menschen, von denen man sagt, er hat zwei Seelen in seiner Brust. Es ist auch durchaus möglich, dass diese irdischen Geister die spukenden Geister sind, von denen oft berichtet wird. Vor allem sind das die Geister, die nach wie vor durch vergangene Leben immer noch oder wieder Anhänger des Teufels sind oder es werden. Nach einer Zeitspanne, etwa die genannten hundert Tage, die ein Geist eines Verstorbenen noch in der Nähe des toten Körpers ist, geht ein Geist, ein höheres Selbst, das sich für das nachirdische Vakuum und die Geisterstufen entschieden hat, mit seiner Seele in dieses nachirdische Vakuum. Das ist eine geistige Ebene in der geistigen Welt des Paradieses auf der Stufe, die der Geist vor dem Menschenleben erreicht hatte. Die Zeit im nachirdischen Vakuum dauert etwa so lange wie das vergangene Leben. In dieser Zeit des nachirdischen Vakuums lebt der Geist das abgelaufene Leben nach und bewertet alles darin Gewesene selbst. Alles aus dem abgelaufenen Leben ist ja jetzt im Gesamtbewusstsein der Seele Punkt für Punkt vorhanden. Nach der Aufarbeitung bewertet der Geist des Verstorbenen sich dann selbst. Weil es im Universum nur Wahrheit gibt, ist die Bewertung zutreffend und richtig. Sie entscheidet, ob der Geist in der erreichten Geisterstufe verbleibt oder in eine höhere Stufe aufsteigen darf.

Ein paar Worte zum Begriff des Tötens möchte ich an dieser Stelle einfügen. In den zehn Gebote Gottes heißt es: „Du sollst nicht töten." Das Töten im Sinne der zehn Gebote bedeutet jedoch nicht das Beenden von irdischem Leben. Im irdischen Leben ist Töten von Lebewesen das Beenden eines irdischen Lebens. Im Lebensplan vorgesehenes Töten von Lebewesen, um Nahrung zu bekommen, ist in der Natur vorgesehen. Es muss jedoch human geschehen. Das Töten, um sich vor dem eigenen Tod zu schützen, ist keine Sünde, wenn es nicht durch Mordlust oder ohne zwingenden Grund geschieht. Das irdische Leben kann vom Menschen nicht verlängert und darf nicht verkürzt werden. Eine Verkürzung z. B. durch Suizid ist irdisches Töten eines Menschenlebens. Es ist eine schwere Todsünde und zieht für das oder die kommenden Leben erhebliche Bestrafungen nach sich! Eine Selbsttötung kann logischerweise nicht im derzeitigen Leben bestraft werden.

Anders ist das Töten nach den zehn Geboten. Das dortige Tötungsverbot ist das Abbringen von Gott. In den Schriften kann nachgelesen werden, dass die von Gott Abgefallenen die Toten genannt werden! Das Abfallen von Gott wird im Universum das Töten genannt. Auch das Abbringen vom Glauben an Gott ist Töten. Es ist immer Sünde, wenn es mit Absicht und mit vollem Bewusstsein gemacht wird. Auch das Gründen von Sekten, um Menschen von Gott abzubringen, ist eine Sünde. Sünden müssen immer entsprechend gebüßt werden und ziehen immer Strafen nach sich.

Achtes Kapitel

Die Entscheidung für eine erneute Inkarnation

Auf den irdischen Tod folgt zunächst die Zeit nach dem irdischen Leben, in der das Energieband zwischen Geist und Körper noch etwa hundert Tage lang besteht und der Geist des Verstorbenen noch in der Nähe des toten Körpers bleibt. In dieser Zeit können Menschen, die mentale Fähigkeiten besitzen, auch mental Kontakte zum Geist des Verstorbenen aufnehmen. Diese Kontakte sind dann auch möglich, wenn die betreffende Person sich nicht unmittelbar bei dem Ort befindet, an dem der Körper des Verstorbenen ist. Wie der Kontakt stattfindet, beschreibe ich in den folgenden Kapiteln des Buches.

Nach dieser Übergangsphase von etwa hundert Tagen geht der Menschengeist dann ins nachirdische Vakuum. Das ist ein geistiger Raum, ein Teil des Paradieses, in dem der Geist nicht mehr ansprechbar ist. Es ist die Phase, in der das vergangene irdische Leben aufgearbeitet wird. Diese Zeit kann so lange dauern, wie das vergangene irdische Leben gedauert hat. Damit wird dann das vergangene Leben abgeschlossen. Der Geist hat dann auch keine Verbindungen mehr zu der irdischen Familie. Er ist wieder ganz in seiner geistigen Familie. Seine Aufgabe im nachirdischen Vakuum ist die Aufarbeitung des abgelaufenen Lebens. Die Aufarbeitung erfolgt in Zusammenarbeit mit der geistigen Familie. Das Ergebnis dieser Aufarbeitung entscheidet einmal, in welche Geisterstufe, von denen es mehrere gibt, der Menschengeist sich einordnet und zum anderen, ob eine erneute Menschwerdung erforderlich ist. Wenn das Endziel der Bewährungen in den Geisterstufen noch nicht erreicht wurde und der Menschengeist noch nicht die letzte Stufe, die zum Aufstieg zu den aufgestiegenen Meistern berechtigt, erreicht hat, muss er zur weiteren Bewährung weitere Examen (irdische Leben) als Mensch bestehen. Wenn der

Mensch, in dessen Körper der Menschengeist während des irdischen Lebens gewesen ist, schwere Verfehlungen oder schwere Sünden begangen hatte, für die der Geist letztendlich verantwortlich ist, kann sogar eine Rückversetzung in vergangene Zeitebenen möglich sein. Der Geist verbleibt dann zwar in der Geisterstufe, die er zuletzt erreicht hatte, muss jedoch über möglicherweise viele Erdenleben in vergangenen Zeitebenen sich erneut in der erreichten Geisterstufe verbessern und bewähren, um dann weiter in den Geisterstufen aufzusteigen und dem Ziel der Erlösung näher zu kommen. Es ist jedoch jedes Mal eine Aufarbeitung im nachirdischen Vakuum notwendig. Die dann folgende Entscheidungen für ein erneutes irdisches Leben, die erneute Inkarnation, kann auch bei schweren Sünden und Verfehlungen zur Entscheidung für ein Leben führen, in dem mit Krankheiten, Verfolgungen, Misshandlungen, Tötungen usw. für die in vergangenen Leben begangene Taten gebüßt werden muss. Der Aufstieg in höhere Geisterstufen setzt demnach in jedem Fall ein Leben nach den Naturgesetzen bzw. den Gesetzen Gottes voraus.

Ist die Entscheidung für ein erneutes irdisches Leben gefallen und erhält der Geist die Erlaubnis für ein erneutes Erdenleben, beginnen die Vorbereitungen dafür. Das höhere Selbst, dessen Geist und Seele erneut Mensch werden will und soll, erarbeitet in Zusammenarbeit mit seiner geistigen Familie den Lebensplan für das erneute irdische Leben. Dieser Lebensplan enthält alles, was als Ziel dieses Erdenlebens notwendig, was als Strafe abzuarbeiten und was zur Erfüllung des Lebensplans notwendig ist. Dann erklärt eine Seele, wenn möglich eine Seele der geistigen Familie, sich bereit, für das irdische Leben der geistige Führer, der ständige Begleiter des Menschen zu sein. Das Leben vor dem erneuten Erdenleben ist eine Zeit der Vorbereitung, die etwa so lange dauern kann wie das kommende Erdenleben. In dieser Vorbereitungszeit wird die Seele auch bei Bedarf als ständiger Begleiter, als geistiger Führer bei einem anderen Menschen sein.

Es muss dann auch jedes Mal ein für das erneute Erdenleben passender Mensch für die Reinkarnation gezeugt und geboren werden. Ist dieser Mensch gezeugt, wächst der Geist in dessen

Form hinein, bereitet sich auf das kommende Leben vor und tritt mit einem Teil seiner Seele ungefähr drei Monaten nach der Zeugung in den ausgewählten, gezeugten Körper ein. Damit bekommt dann der werdende Mensch die Lebensenergie der Seele des entsprechenden höheren Selbst und es beginnt das eigenständige Leben des Körpers im Mutterleib.

Neuntes Kapitel

Was ist der Mensch?

Die Frage, was bin ich als Mensch, was war vor meiner Geburt und was wird nach meinem Tod sein, wird sich jeder irgendwann stellen. Sie kann jedoch von Menschen nicht grundlegend beantwortet werden. Woher sollte man es auch wissen? Auf der Grundlage der Mitteilungen, die ich von der Geisterwelt erhalten habe, werde ich jedoch versuchen, soweit möglich, dieses verständlich zu machen. Der Mensch wurde wie auch alle weiteren Lebewesen geschaffen, das heißt in eine Form der materiellen Welt versetzt, damit irdische Menschen und Lebewesen vorhanden sind, in denen sich die Geister, die sich zur Rückkehr ins Paradies aus der Finsternis oder aus der Hölle verbessert haben, in irdischen Körpern mit irdischen Leben bewähren können. Die gesamte materielle Welt wurde zu diesem Zweck geschaffen. Als Letztes der materiellen Welt wurde der Mensch von Gott geschaffen. Das Leben der gefallenen Geister in Menschenkörpern ist die letzte Stufe vor der Erlösung dieser Geister aus der Erbsünde. Nach der Erschaffung des ersten Menschen durch Gott werden alle Menschen wie alles in der materiellen Welt durch die irdischen Gesetze der Zeugung erschaffen. Die Menschen erhalten wie alle übrigen Lebewesen ihre Lebensfähigkeit von einem Geistwesen, das in den Menschenkörper eintritt, um sich im Menschen zu bewähren. Nach der Erschaffung der Menschen sagte Gott: „Wachset und vermehret euch." Das Wachstum und das Leben des irdischen Körpers entstammen wie alles Irdische der Erde. Die Energie, die ein irdischer Körper zum Wachsen und zum Leben braucht, wird ihm über die Nahrungskette zugeführt.

Jeder gezeugte irdische Mensch hat nur ein irdisches Leben. Wenn das Leben mit dem irdischen Tod endet, zerfällt der irdische Körper wieder in die Bestandteile der Erde. Der irdische Körper wird nicht wiedergeboren, für ihn gibt es keine Wiedergeburt. Das irdische Leben dient nur eine begrenzte Zeitspanne der Bewährung gefallener Geister. Wenn sich alle von Gott abgefallenen Geister zu Gott bekannt haben, sich in irdischen Leben bewährt haben und sie die Rückführung in das Reich Christus ernsthaft wollen, werden am jüngsten Tag alle mit der guten Geisterwelt vereinigt. Die materielle Welt wurde in unendlich langen Zeitabschnitten vor dem Menschen geschaffen. Es ist die Schöpfung, die in der Bibel beschrieben ist. Diese erschaffene materielle Welt ist ein geringer Teil des geistigen Universums. Geschaffen wurde alles in dem Umfang, was für die Verbesserung der Menschengeister erforderlich ist. Alles Materielle, die gesamte irdische Welt ist ein Teil des Universums, nur in einer anderen Schwingungsebene. Nicht nur die Erde, sondern die gesamte materielle Welt ist Teil des Universums. Der Mensch ist davon ein Teil, wie jede Materie und wie alle Lebewesen.

Das Leben als Mensch und das Leben in der materiellen Welt ist für die gefallenen Geister die Voraussetzung für eine Rückführung in das Reich Gottes, aus dem sie nach dem Sündenfall verwiesen wurden. Diese materiellen Leben der Geister in Menschenkörpern sind Teil des Universums. Das irdische Leben ist das materielle Gegenstück des geistigen Lebens, das unsterblich und ewig ist.

Über den Sündenfall, der zum Abfall von Gott führte, wird in den vorhandenen, allgemein bekannten Schriften nur ganz kurz berichtet. Es war der Aufstand durch den zweiten Gottessohn Luzifer gegen den erstgeborenen Gottessohn Christus, Christus ist der König des Geisterreiches. Es war die erste geistige Revolution im Geisterreich, welches bis zu diesem Zeitpunkt eine Einheit war unter der Führung von Christus, dem von Gott bestimmten König. Luzifer wollte nicht Zweiter sein, er wollte herrschen. Den Aufstand gegen das Königtum Christus hat Luzifer organisiert und durchgeführt. Es war keine Revolution gegen Gott, sondern gegen die Herrschaft Christus, den Erstgeborenen. Christus war der erstgeborene Gottessohn und von Gott zum König der Geisterwelt bestellt. Das Wort „der erstgeborene Gottessohn" ist nicht vergleichbar mit einer irdischen Geburt. Gott hat Christus geschaffen und Christus schuf danach die anderen Gottessöhne und dann die gesamte Geisterwelt. Luzifer wollte nicht dienen, er wollte herrschen, sein Geist war hochfahrend. Er hat die Revolution gegen Christus organisiert. Dazu hat er sich gleich gesinnte Helfer aus der Schar der Geister gesucht und mit deren Hilfe über einen sehr langen Zeitraum einen Teil der Geister zum Ungehorsam gegen Gott angestiftet. Als er sich stark genug fühlte, begann die Revolution gegen Christus. Das bestehende Heer der Geisterwelt unter der Führung des Geisterfürsten Michael hat dann auf Gottes Anordnung schließlich die Revolution beendet und Luzifer mit seinen Anhängern besiegt. Damit war das Universum keine Einheit mehr. Nachdem ein Teil der Geisterwelt dem Anführer Luzifer folgte, sind die Anführer und alle Mitläufer in die Hölle, in die absolute Finsternis verbannt worden. Sie wurden mit ihrem Anführer Luzifer, dem Teufel, das Gegenstück der guten Geisterwelt, es ist das Böse, es ist die Hölle.

Alle Mitläufer der Revolution, die weniger schuldig waren, sind danach durch einen Gnadenakt Gottes in eine geistige Ebene zwischen Himmel und Hölle, in das Paradies verwiesen worden. Es war jedoch nicht der Ausschluss aus der Hölle, sondern der aus der Gemeinschaft der nicht gefallenen Geister, dem Himmel. Die Mitläufer waren im Paradies dem Einfluss Luzifers ausgesetzt. Im Paradies sollte die Rückkehr dieser weniger schuldigen, aber mitschuldigen Geister in den Himmel durch die Abkehr von Luzifer und einer damit verbundenen Besserung möglich sein. Sie mussten dazu Gewissensprüfungen bestehen und sich zu Gott bekennen und dem Teufel absagen. Diese Prüfungen im Paradies war das Verbot bestimmter Vorgänge, die eingehalten werden mussten. Sinnbildlich wurde es als der verbotene Apfel verdeutlicht. Wie in der Bibel beschrieben, wurden die Geister der Mitläufer im Paradies nicht nur von guten Geistern zum Guten beeinflusst, sondern auch von bösen Geistern zur Verführung. Der Versuchung der bösen Geister, der Teufelsgeister, hat Eva, der Partnergeist des höheren Geisterfürsten Adam, nicht widerstanden. Sie hat zuerst das Verbot missachtet und dann auch

Adam zum Ungehorsam gegen die Verbote Gottes aufgefordert. Danach hat sie alle im Paradies vorhandenen Geister zum Ungehorsam verführt. Dieser Prozess des Ungehorsams im Paradies wird über eine sehr lange Zeit gedauert haben und findet immer noch statt. Als damit erneut der endgültige Abfall von Gott vollzogen war, wurden alle diese Geister wieder aus dem Paradies in die Hölle verbannt, je nach ihrer Schuld in verschiedene Tiefen. Diese Tiefen sind keine Ebenen im Sinne von oben nach unten, sondern Stufen des Lichtentzugs. Dann schuf Gott erneut einen Erlösungsplan. Nach diesem Erlösungsplan Gottes sollten sie sich in diesen Ebenen stufenweise über Leben in Lebewesen verbessern und dort bleiben, bis sich alle gefallenen Geister durch Besserung aus der Höllenmacht befreien konnten. Danach muss Luzifer alle Geister freigeben. Dann sei ihnen die Rückkehr ins Reich Christ möglich. Die unterste Stufe der Hölle ist die Ebene ohne Licht und jeder Art positiver Energie. Dort sind außer Luzifer alle Anführer. Alle Mitläufer, die nach dem zweiten Sündenfall im Paradies aus diesem verwiesen wurden, befinden sich je nach Verschulden in den Besserungsstufen der Hölle, der nicht mehr totalen Finsternis. Sie sind jedoch alle Luzifer unterstellt. Dazu hat Gott die materielle Welt geschaffen, in der die Besserung der Geister, die den Abfall von Gott ernsthaft bereuten, erfolgen soll. Es wurde alles aus dem geistigen Universum, soweit es für den Erlösungsplan erforderlich ist, materialisiert. Es ist sozusagen die Kopie eines Teils der geistigen Welt. Es ist jedoch viel mehr, als wir Menschen wahrnehmen können. Es ist es ein Abbild des Universums. Dazu gehört das ganze materielle Universum mit Planeten, Sternen und allem, was materiell ist. Wie im Universum besteht auch die materielle Welt aus Energie nur in einer niedrigen Schwingung.

Zehntes Kapitel

Der Sinn des Lebens

Was ist der Sinn des Lebens? Das ist die Frage, der sich jeder irgendwann stellt. Warum lebt man überhaupt? Wer bestimmt wann, wie, wo und warum man Mensch geworden ist? Wer bestimmt, ob man Mann ist oder Frau? Wieso gibt es verschiedene Menschenrassen wie Hellhäutige, Neger, Asiaten usw.? Ich hoffe, dass ich auch mit diesem Buch darauf eine Antwort darauf geben kann. Hat man als Mensch überhaupt die Möglichkeit, in den Lauf des Lebens einzugreifen? Ich glaube es nicht. Das irdische Leben kann man vergleichen mit einem Schauspiel. Im Schauspiel spielen die Schauspieler eine Rolle, auf der Erde sind die Menschen und alle anderen geschaffenen Lebewesen die Akteure. Im Schauspiel gibt es die Rolle der Guten, die Rolle der Helden und die Rollen der Bösen, die Rolle der Schlechten. Für jede Rolle gibt es Darsteller, für das Gute und für das Böse. Jeder möchte das Gute, den Helden spielen, doch zum Gelingen einer Vorstellung muss für jede Rolle ein Darsteller vorhanden sein. Es gibt keine Wertung zwischen Gut und Böse, alles ist gut, alles ist erforderlich für das Gelingen der Darstellung auf der Bühne und dem Dasein im irdischen Leben. Jede Rolle muss besetzt werden und sie wird besetzt. Genauso ist es im irdischen Leben. Jeder Mensch hat seine Rolle des Lebens, die er leben muss, ob er es will oder nicht, genauso wie ein Schauspieler. Jede Rolle wird durch einen Menschen oder ein Lebewesen besetzt. Der Lebenssinn ist, für ein geistiges Wesen, das ist ein höheres Selbst, ein von Gott getrennter Geist, ein Mensch zu sein, der diesem höheren Selbst die Möglichkeit gibt, sich in seinem Körper zu verbessern. Dabei gibt es in einem irdischen Leben auch das Gute und das Böse. Die Darsteller Mensch oder Lebewesen des Guten haben den gleichen Stellenwert wie die Darsteller des Bösen. Das

Erdenleben ist dual, es ist immer das Zusammenspiel von richtig und falsch. Aus beidem muss eine richtige Entscheidung für die Verbesserung der Geister in irdischen Körpern gefällt werden. Das irdische Leben ist jedoch kein Schauspiel wie in dem angeführten Vergleich. Es ist das irdische Examen, es ist die Bewährung der von Gott abgefallenen Geister. Jeder Geist, der in einen menschlichen Körper eingetreten ist, hat seine Aufgabe zu erfüllen. Das irdische Leben in einem Menschenkörper ist sein Lebensplan. Die Bühne ist die materielle Erde. Sein Platz dort ist sein Lebensraum. Der Beruf der Schauspieler beginnt mit der Ausbildung, das Leben des Geistes im Menschenkörper auch. Die Rolle des irdischen Lebens, die der Mensch zu leben hat, kann eine gute oder auch eine schlechte, eine des Bösen sein, je nachdem, was die Bewertung im nachirdischen Vakuum des vergangenen Erdenlebens ergeben hat. Hat diese Bewertung ergeben, dass ein folgendes Leben Buße oder Strafe werden soll, wird der Lebensplan, die Rolle des folgenden Lebens das Entsprechende enthalten. Dann bekommt der Mensch auch den dazu passenden geistigen Führer, der den Lebensplan der Vorgabe nach überwacht. Ein Leben im negativen Sinn ist nicht schlechter als ein positives Leben. Beides ist gleichwertig. Es ist notwendig. Ein Geist, der als Mensch ein schlechtes, ein dem Lebensplan entsprechendes Leben geführt hatte, der durch Kriege oder Ähnliches das Leben oder das Leiden vieler Menschen oder Lebewesen zu verantworten hat, wird für dieses, wenn es sein Lebensplan ist, aus dieser Aufgabe, aus der dann eine Verbesserung entstehen soll, den dazu passenden geistigen Führer erhalten. Lebt er jedoch ein solches Leben, das nicht sein Lebensplan ist, wird das folgende Leben, das dann möglicherweise weniger gut oder sogar schlecht verläuft, zum Beispiel in Not, Krankheit, Armut oder sogar mit gewaltsamem Tod enden, je nach dem, was als Strafe gebüßt werden muss. Das ist notwendig, damit sich daraus das Bessere, das Gute entwickelt. Der Geist des Menschen soll sich bewähren und verbessern. Das Erdenleben ist das Duale der irdischen Welt. Durch die furchtbaren Kriege und Vorgänge, die von Menschen geplant und durchgeführt wurden, hat sich auch eine Verbesserung entwickeln können. Das Schreckliche im Leben fordert die Menschen zum Umdenken. Alles ist dual, alles ist gut oder schlecht, alles ist Yin und Yang. Aus dem Schlechten entsteht das Gute.

Es gibt auch keinen Unterschied zwischen den Menschen der Erde, ganz gleich, welcher Hautfarbe, welcher Rasse oder Volksgruppe er angehört. Jeder Mensch erfüllt die Aufgabe, für die sein Geist Mensch wird. Nur wenn er diese Aufgabe erfüllt, kann sich sein Geist verbessern. Das kann auch in einem Menschenkörper sein, der Böses tut, wenn es eine Strafe für Vergangenes ist. Zu jedem Menschen, der zur Strafe getötet wird, gibt es auch einen Täter, der ihn tötet. Es gibt auch keinen Bonus für ein abgelaufenes irdisches Leben. Ein bedeutender Mensch, ein Staatsmann, ein Verbrecher, ein Religionsführer, ein Verführer, ein Talent in Wissenschaft oder Musik, ein dummer Mensch, ein Kranker, Menschen mit Missbildungen usw. erfüllen alle die ihnen gestellten Aufgaben, mehr nicht!

Mit dem Tod des irdischen Körpers hat der eingetretene Geist eine seiner irdischen Aufgaben abgearbeitet, und wenn das Menschenleben nach dem Lebensplan verlaufen ist, ist es auch erfüllt. Nach dem irdischen Tod gehen die irdischen Körper aller Lebewesen in die Natur zurück. Erde kommt zu Erde. Der Geist wird den irdischen Körper nach dessen Tod verlassen. Für eine weitere, eine erneute Verbesserung in einem irdischen Körper muss dann der Geist in einen neuen irdischen Körper eintreten. Die seelische Reife, die erworbenen Kenntnisse und Fähigkeiten bleiben nach dem Tod des irdischen Körpers beim Geist, sie werden Bestandteil des Gesamtbewusstseins und sie können, wenn erforderlich, in einem nächsten Leben genutzt werden, wenn es für die Evolution gebraucht wird.

Elftes Kapitel

Die Seele der Menschen

Der irdische Mensch besteht aus dem irdischen Körper, aus Geist und Seele.
Der Körper ist der durch Zeugung von Menschen entstandene Körper. Der Körper besteht aus dem Od, dem Odem der Erde, einer den Menschen nicht bekannte Energieart. Die Energie des Odem wird dem irdischen Körper für das Leben und das Wachstum über die Nahrungskette Erde, Pflanze, Tier zugeführt.
Der Geist ist das höhere Selbst, das die Erlaubnis erhalten hat, sich in einem menschlichen Körper zu verbessern.
Die Seele ist ein Teil des höheren Selbst. Sie stellt mit ihrem Eintritt in den irdischen Körper die Lebensenergie, die von dem höheren Selbst stammt, diesem Körper für die Gesamtdauer seines irdischen Lebens zur Verfügung. Die Seele ist der Antrieb für das irdische Leben, für das Leben des Menschen. Zur Erfüllung der ihr gestellten Aufgabe steht der Seele dieser irdische Körper in der zur Aufgabenerfüllung notwendigen Form und Art zur Verfügung. Wenn ein Mensch sagt: „Ich lebe", so ist damit die Seele gemeint. Ohne Seele ist der Mensch nur Materie in der Form eines Menschenkörpers, er ist sonst nichts. Er ist ohne Seele nicht lebensfähig. Es kann auch vorkommen, dass sich in einem menschlichen Körper auf Dauer oder gelegentlich eine oder mehrere Seelen befinden. Das sind dann Seelen, die beim irdischen Tod eines anderen Menschen, in dem sie zuletzt waren, abgelehnt wurden oder versäumt haben, ins Licht zu gehen, als sie von der geistigen Familie beziehungsweise von den Elohim, das sind die dafür zuständigen Engel, abgeholt werden sollten. Die Seele kann nach dem Tod des irdischen Körpers frei entscheiden, ob sie zurück ins Paradies geht oder auf der Erde ver-

bleibt. Solche fremden Seelen können irdische Leben sowohl gut als auch schlecht beeinflussen. Man hört manchmal von Menschen den Ausspruch „er lebt mit zwei Seelen in seiner Brust", wenn jemand nicht so recht verstanden wird oder Dinge tut, die man nicht versteht. Die im Bereich der Erde gebliebenen Seelen sind Seelen der nicht aufgestiegenen Geister. Es gibt viele davon. Es sind die Seelen, die glauben, für sie wäre es auf der Erde besser. Sie wollen den Partner, den Reichtum, das Ansehen oder was auch immer nicht verlassen. Es sind jedoch arme Seelen. Aus freiem Willen und Wollen kommen sie nicht wieder ins Licht. Ohne fremde Hilfe sind sie verloren. Auch werden sie beständig von Satan beeinflusst, sich von Gott abzuwenden. Sie leben als unstete geistige Wesen. Sie gehören weder zur Erde noch zum Himmel.

Die Seele des höheren Selbst im Menschen ist dessen Lebensenergie. Sie lebt mit ihm und in ihm das irdische Leben. Zur Erfüllung der Aufgaben, die der Seele für das Menschenleben nach dessen Lebensplan gestellt wurden, hat sie bestimmte Fähigkeiten. Das sind ihre grundsätzlichen und für die Aufgaben erforderlichen Eigenschaften. Diese Eigenschaften sind die sogenannten Archetypen der Seele. Die Archetypen sind ihre Grundmuster, sozusagen ihre Eigenschaften. Mit diesen Grundmustern ist die Seele ausgestattet, wenn sie in einen irdischen Körper eintritt. Es gibt mehrere mögliche Grundmuster der Seele. Das sind die seelischen Grundeigenschaften. Auch das Seelenalter ist eine Grundeigenschaft der Seele. Es ist ein Element, das im Verlauf der Leben dem Entwicklungs- und Alterungsprozess unterworfen ist. Das Seelenalter, die gelebten Erdenleben, beginnt wie in der dualen Welt mit dem Säuglingsleben und endet mit dem alten Leben. Die Seelen haben außerdem noch weitere Elemente bzw. Eigenschaften, die vor der Inkarnation bei der Erstellung der Lebenspläne von Leben zu Leben neu zusammengestellt werden, um die gestellten Ziele, ihre Entwicklungsmöglichkeiten und Entwicklungswünsche zu verwirklichen. Die Entscheidung der betreffenden Seele für ein angepasstes Seelenmuster, das den folgenden Aufgaben des erneuten Lebens entspricht, geht der

Zeugung des für die Menschwerdung vorgesehenen menschlichen Körpers voraus. Das Seelenmuster ist damit der genetische Fingerabdruck des Menschen.

Mit jedem weiteren irdischen Leben wächst die Erfahrung der Seele, es kann sich bei entsprechendem Leben die seelische und geistige Entwicklung steigern. Im Gegensatz zum Seelenmuster ist diese Entwicklung der Seele nur vom Verlauf der Leben abhängig. Das Ziel der irdischen Leben muss jedoch das Erreichen der höchsten Entwicklungsstufe sein, denn nur so sind die Erlösung vom Bösen und der Aufstieg zur Gruppe der aufgestiegenen Meister möglich. Die Seelenleben verlaufen ungefähr so wie ein Menschenleben, vom Säugling zum Greis. Was für den Menschen ein Lebensjahr ist, das ist für seine Seele jeweils ein Menschenleben. Eine Seele kann somit etwa so viele Leben haben, wie der Mensch Lebensjahre hat, auch weniger oder mehr. In den meisten Fällen werden es erheblich mehr Leben sein.

Zwölftes Kapitel

Die Erschaffung der materiellen Welt und das Leben darin

Die materielle Welt wurde erschaffen, damit sich die von Gott losgelösten oder abgefallenen Geister in irdischen Leben bewähren und verbessern können und wieder ins Licht zurückkehren. Die Erschaffung der materiellen Welt erfolgte mit dem Erlösungsplan. Sie hat vor einer Zeit, die für die Menschen unvorstellbar ist, begonnen. Wie die materielle Welt in Wirklichkeit entstanden ist, kann man sich nicht vorstellen. Die Mitteilungen der Geisterwelt bestätigen, dass sie von Gott dem Erlösungsplan entsprechend geschaffen wurde. Die materielle Welt ist durch Materialisierung und durch Umwandlung aus der vorhandenen geistigen Welt des allumfassenden Universums in eine niedrigere Schwingung der Energie geschaffen worden. Die Materialisierung erfolgte nach den bestehenden Naturgesetzen, sodass alles, was materialisiert werden sollte, in diesen niederen Schwingungsbereich transformiert wurde. So wurden nach und nach diejenigen Teile des Universums, die für die Materialisierung erforderlich waren, in eine niedrigere Schwingung transformiert. Es war und ist die bekannte Evolution.

Die Schöpfung, die in der Bibel mit sieben Tagen beschrieben wird, hat aber einen Zeitraum gedauert, den man sich nicht vorstellen kann. Die in der Bibel mit sieben Tagen beschriebene Schöpfung ist nur ein Beispiel, für Menschen nachvollziehbar und verständlich dargestellt. Die in der Bibel geschriebenen Berichte über die Erschaffung der Welt wurden durch höhere Geister übermittelt. Diese Geister sind dazu Mensch geworden, um die Schöpfung den Menschen immer wieder verständlich zu machen. Höhere Geister, die für diese Aufgaben Mensch wurden, hat es seit Erschaffung der materiellen Welt immer gegeben. Außer der Schöpfung haben diese Geister auch die Aufgabe, Menschen die

Wahrheit über Gott und sein Dasein zu vermitteln. So wurde den irdischen Menschen immer wieder mitgeteilt, was der Glaube an Gott ist. Gott ist die Natur, er ist auch die materielle Welt. Dieses Wissen wurde in der Anfangszeit der Menschheit von Generation zu Generation weitergegeben. Wie und wann dieses Wissen festgehalten wurde, ist nicht bekannt. Niedergeschrieben wurde der Inhalt der Bibel, so wie er uns bekannt ist, erst im Laufe der Entwicklung der Menschheit, und das in den jeweiligen Sprachen und Formen der Kulturgeschichte. Ob es eine Urbibel gab und gibt, kann nicht beantwortet werden und es ist auch für den Glauben an Gott nicht erforderlich. Durch die hohen Geister, die dazu Mensch werden, wird immer wieder über Gott und die Welt berichtet. Was die Bibel lehrt, entspricht im Grundsatz der Wahrheit. In den vergangenen Zeitepochen hat es jedoch immer wieder unzählige Änderungen der Bibelinhalte gegeben.

Nach dem Inhalt der Bibel schuf Gott die Welt an sieben Tagen. Bei Gott ist jedoch ein Tag wie eine Ewigkeit. So ist der Ausdruck Tag mit einer Dauer von unermesslich langer Zeit von Äonen Jahren, einer Anzahl von nicht zählbaren irdischen Jahren zu deuten. Am Anfang, am ersten Tag (in der ersten Periode der Schöpfung, die Äonen Jahre gedauert hat), schuf Gott Himmel und Erde, danach in weiteren Zeitperioden, wobei es bei Gott den Begriff Zeit nicht gibt, Licht und Finsternis, das Firmament, Himmel und Wasser, Land und Meer, Sonne, Mond und Sterne, die Vögel und die Tiere im Wasser, die Tiere auf dem Lande. Nachdem er alles geschaffen hatte, was die gefallenen Geister zu ihrer Besserung und zur Erfüllung des Erlösungsplanes benötigen, sprach er: Lasset uns den Menschen machen nach unserem Bilde als Mann und Frau. So wurde dann als letzter Teil der Schöpfung der erste Mensch geschaffen, es begann die Existenz der Menschheit. Am siebten Tag vollendete Gott dann sein Werk und ruhte aus von seinem ganzen Werk, das er gemacht hatte. Soweit die Mitteilung der Bibel.

Die Schöpfung der materiellen Welt ist also nicht genau so verlaufen, wie die Bibel berichtet in sieben irdischen Tagen, sondern in sieben Epochen des universellen Universums. Alles ist in unendlich langen Zeiten, nach dem Erlösungsplan in einer für den Menschen unvorstellbar langer Zeit, entstanden. Nach und nach wurde die in geistiger Form vorhandene Welt materialisiert. Das sichtbare, materielle Universum, die Sonnensysteme, die Planeten, die Erden entstanden nach bestehenden Naturgesetzen mit der Evolution nach und nach. Mit der materiellen Schöpfung und der Erstellung des Erlösungsplanes konnten so die gefallenen Geister, jeder seiner Schuldigkeit entsprechend, sich nun zunächst über die Stufen der Mineralien, der Pflanzen, der Tiere bis zur letzten Stufe, der des Menschen, bewähren und wenn sie die erreicht hatten, Mensch werden. Das Leben im Menschenkörper ist notwendig, um sich dort in weiteren Geisterstufen zu bewähren und danach ins Licht zurückzukehren. Im Menschenkörper hat der Geist die freie Entscheidung für sein irdisches Leben. Er muss dann selbst entscheiden und diese Entscheidungen auch selbst verantworten.

Der erste Mensch, der geschaffen wurde, war Adam. Ein Geist, der Geist des ehemaligen hohen Himmelsfürsten Adam, war der erste Geist in einem irdischen Menschenkörper. Damit war Adam der erste Menschengeist, der mit Erreichen der Stufe des Menschen die Erlaubnis erhalten hat, irdischer Mensch zu werden, um sich im Menschenleben zu bewähren. Der Geist Adam war auch der Anführer der Geister, die Mitläufer der Revolution waren und nach dem ersten Sündenfall in die Paradiesebene verwiesen wurden. Dort sollten sie sich zur Rückkehr ins Reich der Engel bewähren. Durch den zweiten Sündenfall, die Missachtung der Gebote, verständlich gemacht durch den verbotenen Apfel, sind diese Geister alle in die Hölle, das Reich Luzifers, verbannt worden. Erst durch den darauf folgenden Erlösungsplan Gottes wurde die Möglichkeit für alle Geister, ohne Ausnahme, geschaffen, sich durch Besserungsstufen wieder in die Paradiesebene zu bewähren. Der Mensch, der Adam genannt wird, begründete den Anfang der gesamten irdischen Menschheit. Die Erschaffung des ersten Menschen Adam erfolgte nach den Naturgesetzen wie bei allen Lebewesen durch die Verwendung von Lebensenergie, dem Od, das von der Erde stammt.

Dieses Od, besser gesagt der Odem (der Atem) eines Menschen, der zur Menschwerdung benötigt wird, war jedoch noch nicht in einem menschlichen Körper vorhanden, als der Geist Adam Mensch werden sollte. Aus diesem Grunde hat Gott zur Materialisierung des Geistes Adam das Od der Erde unmittelbar verwendet. Der erste Mensch wurde aus Lehm (aus Erde) geformt. Die Form für den Menschen war die Form des Geistes, denn Gott schuf den Menschen nach seinem Ebenbild. So entstand der Mensch Adam nach dem Ebenbild des Geistes, indem das Od in die Form des Geistes hineinwuchs. In diese Form wuchs der Mensch Adam, damals wie auch heute, durch die Zuführung des Od, der Energie, die der Erde entstammt, hinein. So war der erste irdische Mensch Adam geschaffen, ein menschlicher Körper, in den die Seele eines Geistes eingetreten ist, um den irdischen Körper mit Leben zu erfüllen und um als Geist im Körper des Adam zu leben und um den Beginn der irdischen Menschheit zu begründen. Adam, der ehemals hohe geistige Himmelsfürst, war somit Mensch geworden. Er war der erste irdische Mensch. Dieser erste Mensch lebte in der materiellen Welt, auf der Erde. Auf der Erde war alles, was ein Mensch zum Leben braucht, vorhanden.

Doch nach den Naturgesetzen der Dualität muss der Mensch in der materiellen Welt dual sein. Es muss ein männlicher und ein weiblicher Körper vorhanden sein. Nur so ist die Zeugung weiterer irdischer Menschen möglich. Dem Adam wurde dann ein dualer weiblicher Menschenkörper zur Seite gestellt. Es war die Partnerseele des Geistes Adam. Dieser weibliche Menschenkörper entstand so wie der des Adam, nur dass jetzt dem Körper des Adam das bei ihm bereits nach seiner Schöpfung vorhandene und erforderliche Od der Erde entnommen werden konnte. Die Bibel beschreibt das mit der Entnahme einer Rippe des Adam, nachdem dieser in einen tiefen Schlaf (in ein geistiges Koma) gefallen war. Das ist ein dem Menschen verständlicher Vorgang, der jedoch anders abgelaufen ist. Zur Entnahme von Od für den Körper von Eva wurde Adam in eine tiefe Bewusstlosigkeit versetzt und das für die Materialisierung des weiblichen Körpers (der Eva) notwendige Od (die geistige Energie) von dem Körper des Adam in den Körper der Eva übertragen. Es war dadurch im Körper von Adam vorübergehend ein Mangel an Od. Das wurde wieder aufgefüllt. Das Od ist, wie bereits erklärt, die Energie der Erde, mit der die Materie von Lebewesen geschaffen wird. Durch dieses Menschenpaar wurde die Fortpflanzung der Menschen eingeleitet. Die Fortpflanzung der Menschen erfolgte und geschieht so wie bei allen anderen Lebewesen auch durch die Verbindung von männlich und weiblich. Od nehmen alle Lebewesen über die Nahrungskette auf. Daraus bilden sich die Körper. Alle irdischen Körper entstehen, sie wachsen von dem Od der Erde. Nach dem irdischen Tod der Lebewesen löst sich das Od wieder in die Bestandteile der Erde auf. Von der Erde kommt man, zur Erde geht man wieder zurück. Nach der Erschaffung der Menschen Adam und Eva konnten weitere irdische Menschenkörper gezeugt werden.

Damit wurde die im Erlösungsplan vorgesehene Bewährung der gefallenen Geister ermöglicht. Die Seelen der sündig gewordenen Geister, die sich aus der Finsternis der Hölle bis zur Stufe der Menschen bewährt hatten, konnten in irdische Menschenkörper eintreten. Damit haben sie die Möglichkeit, sich in Erdenleben weiter zu verbessern. Jedoch nur, wenn sie dazu die Erlaubnis bekommen.

Adam und Eva und ihre Nachkommen lebten danach auf der vor endlos langer Zeit durch die Schöpfung, durch die Evolution geschaffene, bereits vorhandene Erde. Pflanzen, Tiere, Fische, alles, was zum Leben erforderlich ist, war bereits durch die Schöpfungen vorher vorhanden. Adam und Eva zeugten Kain und Abel und außer Kain und Abel noch weitere Kinder. Ihre Kinder und deren Kinder usw. zeugten weitere Menschen. Dabei haben die ersten Zeugungen durch die weiblichen und männlichen Nachkommen von Adam und Eva stattgefunden und die Menschheit hat sich so vermehrt. Nach Erschaffung der ersten Menschen konnten den Naturgesetzen entsprechend die Seelen von Geistern in Menschenkörper eintreten. Es sind dieses die Geisterseelen der von Gott abgefallenen Geister, die sich zur Menschwerdung bewährt haben und die inkarnieren dürfen.

Außer den Seelen der abgefallenen Geister wurden und werden auch immer wieder hohe göttliche, nicht gefallene Geister – es sind Engel, die besondere Aufgaben in der materiellen Welt zu erfüllen haben – in Menschenkörpern geboren. Obwohl diese sich dazu bereit erklärt haben, gelten auch für sie die göttlichen Gesetze (die Naturgesetze). Die hohen Geister leben, wenn sie in einen irdischen Körper eingetreten sind, wie alle Menschen. Sie haben nach der Menschwerdung und nach der irdischen Geburt, wie jeder der abgefallenen Geister auch, alle Erinnerungen an ihr vorheriges Dasein verloren. Nach der irdischen Geburt wissen sie nicht, dass sie hohe Geister sind. Sie werden während ihres Lebens erst zum vorgesehenen Zeitpunkt über die ihnen gestellte Aufgaben informiert. Von diesen hohen Geistern in menschlichen Körpern stammen auch alle Informationen, die heute über die Schöpfung bekannt sind. Dieses Wissen wurde immer wieder von Generation zu Generation weitergegeben und irgendwann auch in Formen festgehalten. Diese göttlichen Geistmenschen sind zu jeder Zeit in der notwendigen Anzahl Mensch geworden und sie werden es auch heute immer noch. In der Bibel gibt es unzählige Hinweise auf solche Menschen, z. B. auf Moses, Abraham, Johannes der Täufer usw. Selbst Christus, der nach Gott höchste himmlische Geist, war ein höherer Geist in einem menschlichen Körper, der den Namen Jesus trug und wie jedes irdische Wesen geschaffen und geboren wurde. Christus ist Mensch geworden, um den letzten Teil des Erlösungsplanes zu vollenden. Nach Mitteilung der Geisterwelt wurde Christus im Menschen Jesus jedoch nicht von irdischen Menschen oder von Engeln, sondern von höchsten Geistern in den Körpern von Josef und Maria gezeugt. Dazu wurden aus den Körpern von Josef und Maria, deren Seelen auch hohe Himmelsgeister waren, diese Seelen vorübergehend abgezogen und durch die besagten höchsten Geister zum Zweck der Zeugung ersetzt. Die Menschen nach der Erschaffung von Adam und Eva waren bis zur Sintflut größer und intelligenter als die heutigen Menschen. Sie erreichten Lebensalter von bis zu tausend Jahren und waren größer als Menschen heute. Sie haben die Erde bevölkert und es lebten bis zur Sintflut etwa so viele Menschen wie heute. Jedoch war der Lebenswandel nicht immer im Sinne Gottes. Die Bibel berichtet, dass sogar die Gottessöhne sich mit irdischen Menschenfrauen vergnügt haben sollen. Der Glaube und die Verbindungen zu Gott haben abgenommen, die Menschen haben zunehmend ein sündiges Leben geführt, Götzendienst betrieben, Gott verleugnet und sich von Gott abgewendet. Das hat schließlich zum Entschluss Gottes geführt, die Menschheit zu vernichten, obwohl die Menschheit zur Bewährung der gefallenen Geister geschaffen wurde. Das hat dann schließlich zur Strafe mit der Sintflut geführt. Mit der Sintflut wurden die gesamten Lebewesen, mit einer Ausnahme, vernichtet. Diese Ausnahme war die Erhaltung von je einem Paar aller Lebewesen und die Familie des Noah. So wurden nach der Sintflut alle Lebewesen durch Materialisierung wieder auf die Erde versetzt. Zum Zwecke der Sintflut und deren Durchführung ist ein für diesen Zweck Mensch gewordener hoher Geist im Körper des Menschen Noah irdischer Mensch geworden. Dieser Mensch Noah wurde vor der geplanten und bevorstehenden Vernichtung beauftragt, so berichtet die Bibel, eine Arche zu bauen, um sich und seine Familie und von jeder Tierart je ein Paar in der Arche zu retten, um das Weiterleben nach der Sintflut fortzusetzen. Das Wort Arche hat die heutigen Menschen zu vielen Spekulationen veranlasst, weil es nach dem menschlichen Ermessen selbst heute nicht möglich wäre, ein Boot dieser Größe herzustellen. Außerdem wäre es mit irdischen Mitteln nicht möglich gewesen, je ein Paar von allen vorhandenen Tierarten gesondert zu retten. Das Wort Arche bedeutet auch archivieren und so viel wie den Ursprung bewahren. Es ist daraus zu schließen, dass die Rettung so erfolgte, dass über einen langen Zeitraum von irdischen Wesen der genannten Arten jeweils ein Paar entmaterialisiert wurde. Das heißt sie wurden wieder zu geistigen Wesen im Universum. Auch Noah und seine Familie wurden entmaterialisiert und in den geistigen Zustand versetzt. Mit dem Wort Arche wurde möglicherweise bildlich der Vorgang der Entmaterialisierung des Menschen dargestellt, oder es war der Ort gemeint, von wo aus diese Entmaterialisierung ihren

Ursprung nahm. Die Sintflut ist auch nicht plötzlich, sondern über viele Jahre nach einer Eiszeit entstanden. Nach einer Eiszeit folgte eine Warmzeit, die alles Land überschwemmte. Die Sintflut soll nach Mitteilung der Geister mehr als tausend Jahre (möglicherweise viel länger) gedauert haben. Dabei wurde die Erde, die damals noch ein zusammenhängender Kontinent war, völlig von Wasser bedeckt, sodass alle noch lebenden Wesen darin umkamen.

Nach dem Rückgang des Wassers, durch die einsetzende Erkaltung der Erde und die Bildung von Eis an den Polen, als die Erde wieder bewohnbar wurde, hat Gott die entmaterialisierten Wesen wieder nach und nach über einen langen irdischen Zeitraum materialisiert. So konnten diese irdischen Lebewesen, die in geistiger Form überlebt hatten, erneut die Erde beleben und auch eine neue Menschheit schaffen. Die Menschen nach der Sintflut wurden nach dem Willen Gottes nicht mehr so groß, nicht mehr so intelligent und lebten nicht mehr so lange, sie sollten nur noch bis höchstens 150 Jahre alt werden. Ihre Fähigkeiten wurden nur noch für das Überleben und die Erhaltung des Irdischen festgelegt. Nach der Sintflut begannen dann auch die Erdbewegungen. Die Kontinente und Ozeane entstanden, die Erde teilte sich. Das geht auch aus der Bibel hervor, wie im ersten Buch Mose (Die Genesis) im Kapitel 10.25 berichtet wird. Dort steht bei der Auflistung der Nachkommen des Noah, dass dem Eber zwei Söhne geboren wurden. Einer hieß Peleg. Zu dessen Zeit, so ist dort zu lesen, wurde die Erde geteilt. Bis dahin gab es also einen zusammenhängenden Kontinent der Erde und das Meer. Es begannen die Entstehungen von Kontinenten und Inseln. Seither ist die Erde in ständiger Bewegung bis auf den heutigen Tag, und es wird auch so weitergehen. Durch diese Erdbewegungen entstehen auch Erdbeben, Katastrophen, Überschwemmungen und vieles mehr, die von Gott auch als Mahnung und Strafe der Menschheit genutzt werden, wie die Naturkatastrophen der Vergangenheit zeigen, denn der Abfall der Menschheit von Gott hat im Laufe der Zeit erneut stark zugenommen.

Dreizehntes Kapitel

Das irdische Examen

Die Menschen bzw. die Menschenkörper werden seit der Erschaffung der ersten Menschen Adam und Eva immer von Menschen gezeugt. Diese Menschen leben dann auf der Erde für Geistwesen, die eine Erlaubnis erhalten haben zur Inkarnation, d. h. zur Menschwerdung. Für die Geister ist dann das Leben im Menschenkörper ein Examen, das sie zu bestehen haben, um sich zu verbessern. Für dieses Examen tritt der Geist in den menschlichen Körper ein und bleibt dort bis zu dem irdischen Tod des Menschen. In und mit diesem Körper hat der Geist zu leben, ihn in seinem Sinne und nach dessen Lebensplan zu führen und zu beschützen. Das gesamte irdische Leben ist für den Geist das Examen. Es ist die Bewährung im irdischen Körper. Zu diesem Examen erhält der Geist die Erlaubnis, wenn er dazu die Voraussetzungen erfüllt. Nach der Freigabe für ein kommendes irdisches Leben folgt die Vorbereitung darauf. Es beginnt mit dem Leben vor der irdischen Geburt, in dem der Lebensplan erstellt wird. Den Lebensplan erstellt der Geist zusammen mit seiner gesamten geistigen Familie. Das gesamte Leben soll nach diesem Plan verlaufen. Es ist der Plan des Geistwesens im Menschen. Zur Unterstützung stellt sich ein weiteres Geistwesen als geistiger Führer und ständiger Begleiter zur Verfügung. Bevor der Geist Mensch werden kann, muss dazu auch ein passender irdischer Körper geboren werden. Auch diesen irdischen Körper sucht die geistige Familie aus, bzw. sie nimmt Einfluss auf dessen Geburt. Wenn der für das kommende Menschenleben ausgewählte und passende Menschenkörper gezeugt wurde, kann und darf die betreffende Seele, es ist eine Seele des höheren Selbst, in diesen Menschenkörper eintreten. Das erfolgt etwa 3 Monate nach der Zeugung des Menschen, der in dieser Zeit Teil des weiblichen

Körpers ist. Der Körper erhält die Form des Geistes, d. h. er wächst in dessen Form hinein. Dann tritt die Seele des Geistes in diesen Körper ein. Geist und Körper beginnen dann bereits vor der irdischen Geburt mit dem Erlernen der notwendigen, unbewussten körperlichen Grundfunktionen. Der Körper im Mutterleib beginnt mit dem eigenständigen Leben. Unmittelbar vor der Geburt tritt dann auch der Geist des höheren Selbst in den Körper ein.

Mit dem Trennen der Nabelschnur erlischt für den Menschengeist des höheren Selbst, der mit seiner Seele in den Menschenkörper eingetreten ist, jegliche Erinnerung an seine bisherigen Leben und auch an sein Leben als Geistwesen. Das Gesamtbewusstsein von allen bisherigen Leben, das ihr allerdings unbekannt und auch nicht zugänglich ist, bleibt bei der Seele. Es bildet sich für das kommende Leben ein zusätzliches Bewusstsein. Das ist sozusagen der tägliche Arbeitsspeicher. Dann lebt das Geistwesen ein eigenständiges Leben im Körper des Menschen bis zu dessen irdischen Tod. Bei der Geburt tritt auch der ausgewählte ständige Begleiter, der geistige Führer, auch Schutzengel genannt, in die Aura des geborenen Menschen ein. Er ist damit ein Teil der unsichtbaren Körper. Auch er bleibt ebenfalls bis zu dessen Tod bei ihm. Der ständige Begleiter ist meistens eine der Geschwisterseelen oder ein anderer Geist aus der geistigen Familie oder der geistigen Gemeinde oder in Ausnahmefällen auch ein böser Geist. Zum ständigen Begleiter werden die Geister beauftragt, die zur Erfüllung des Lebensplanes geeignet sind. Es kann auch je nach dem geistigen, seelischen Entwicklungsstand ein anderer, für die kommenden Aufgaben geeigneter Geist sein. Es ist die Aufgabe des ständigen Begleiters, den Menschen für die Erfüllung seines Lebensprogramms zu begleiten, zu verwalten, ihn bei jeder Entscheidung, die er als Mensch treffen soll und muss, zu beraten und ihn zu beschützen. Für diese Aufgaben stehen den geistigen Führern alle Geister, die sich im Himmel befinden, zur Verfügung. Das sind die Engel, die im Universum sind und nicht schuldig geworden sind. Diese Geistwesen haben besondere Fähigkeiten. Sie sind Spezialisten für ihren jeweiligen

Auftrag. Für jedes Fachgebiet, für jede Situation gibt es diese ausgebildeten Geister. Der ständige Begleiter als Führer und Schutzengel kann selbst nicht tätig werden, da ihm, der immer noch als schuldig gewordener Geist in der dualen Geisterwelt ist, diese Fähigkeiten fehlen. Für alles muss der ständige Begleiter Engel anfordern. Die Anforderung erfolgt mental und ohne Zeitverzug und wenn erforderlich auch bereits vor der Notwendigkeit, denn in der geistigen Welt gibt es keine Zeit. Wenn der ständige Begleiter Engel anfordert, die dem betreffenden Menschen zur Seite stehen sollen, geht die Anforderung vom geistigen Führer ohne Verzug über entsprechende Energieschwingungen ins Universum zu den zuständigen Engeln. Der Auftrag des geistigen Begleiters wird von den Engeln, oder auch vom Teufel, unverzüglich und der Anforderung entsprechend ausgeführt. Es erfüllt immer der richtige Engel bzw. der angeforderte Teufel die mentalen Anforderungen des ständigen Begleiters.

Mit der Führung und Beratung durch den ständigen Begleiter, die mental und für den Menschen selbst unbewusst erfolgt, lebt dieser Mensch und damit seine Seele, die im irdischen Examen ist, sein Leben nach dem Lebensprogramm. Er wird dazu immer vom ständigen Begleiter mental beraten. Alle Entscheidungen muss er selbst treffen. Dafür wurde ihm der freie Willen gegeben. Die eigene Entscheidung für richtig oder für falsch ist für die geistig-seelische Entwicklung und das Examen der Seele maßgebend. Alle Entscheidungen, jeder Gedanke und jeder Augenblick wird auch im Bewusstsein festgehalten und wird ins Gesamtbewusstsein übertragen. Was für das momentane Leben erforderlich ist, wird dem körpereigenen Bewusstsein zur Beurteilung der Entscheidungen und für den Lernprozess, dem der Mensch jederzeit unterworfen ist, hinzugefügt. Nach dem irdischen Tod wird das irdische Bewusstsein komplett dem unbewussten Gesamtbewusstsein hinzugefügt. Das ist dann das vollständige Gesamtbewusstsein des Geistes, der dann dieses irdische Examen, in dem sich alles aus dem beendeten Leben und aus allen vorherigen Lebensabläufen befindet, beendet. Das Gesamtbewusstsein dient dem Geist im nachirdischen Vakuum der dort folgenden Aufarbeitung und der

Bewertung des vergangenen Lebens des Geistes im Menschenkörper. Die Bewertung, die sich aus dieser Aufarbeitung ergibt, entscheidet über den weiteren Weg des Geistes. Ergibt sich eine positive Bewertung, ist ein Aufstieg in den Geisterstufen möglich. Wenn nicht, verbleibt der Geist in der bisherigen geistigen Ebene. Eine Herabstufung in niedrigere Geisterstufen gibt es nicht, jedoch ist bei erheblichen Verfehlungen die Zurücksetzung in vergangene Zeitebenen möglich. In diesen Zeitebenen muss dann je nach Verschulden als Mensch durch ein oder möglicherweise viele neue Leben eine erneute Bewährung bis zur bereits erreichten Stufe erreicht werden, damit eine weitere Verbesserung möglich ist.

Zu dem Gesamtbewusstsein hat der Menschengeist im irdischen Leben ohne Erlaubnis der geistigen Welt keinen Zugriff. Nur vorhandene Informationen, die zur Entscheidung für Handlungen im aktuellen Leben erforderlich sind, werden dem Gesamtbewusstsein automatisch entnommen. Die Entscheidung dazu wird vom ständigen Begleiter vorgenommen. Zu dem Zeitpunkt, der im Lebensprogramm des Menschen vorgesehen ist, endet das irdische Leben durch den Tod des Menschenkörpers und damit endet auch das Examen des Menschengeistes in diesem Menschenkörper. Der Zeitpunkt des Todes kann verkürzt oder verlängert werden, jedoch nur von der geistigen Ebene und wenn es begründet ist und Gott dieses für erforderlich hält. Der Mensch kann sein irdisches Leben nach dem Lebensplan weder verkürzen noch verlängern. Eine Verkürzung durch Selbsttötung, das ist immer eine Änderung des vorgesehenen natürlichen Todeszeitpunktes, ist die vorsätzliche Tötung eines Menschenlebens. Es ist eine Todsünde und wird entsprechend bestraft werden. Das trifft auch für die sogenannte Sterbehilfe zu. Gott bestimmt den Beginn des irdischen Lebens und er beendet es auch. Der Mensch hat dazu keine Berechtigung. Die menschlichen Verfehlungen und Todsünden im laufenden Leben können durch Krankheiten oder Erleiden von Katastrophen gebüßt werden, jedoch auch in folgenden Leben. Die Todsünde der Selbsttötung kann nur in folgenden Leben gebüßt werden!

Wenn der irdische Tod des Menschenkörpers eingetreten ist, dann trennt sich der Geist mit seiner Geistseele von diesem Körper. Der irdische Körper ist tot, wenn Geist und Seele ihn verlassen haben. Solange der Körper mit der eigenen Seele lebt, solange noch eigene Körperfunktionen feststellbar sind, solange der Körper nicht zerfällt, ist er nicht tot, auch wenn die Gehirntätigkeiten nicht mehr feststellbar sind. Komapatienten haben vielleicht nicht mehr Möglichkeiten, mit Reaktionen des Körpers sich bemerkbar zu machen, die Wahrscheinlichkeit, dass er trotzdem vieles oder alles mitbekommt, ist jedoch immer gegeben. Es gibt auch Wiederbelebungen, bei denen der Geist auch nach dem Tod oder nach langer Zeit im Koma wieder in den irdischen Körper zurückkehren muss. Der irdische Tod, wenn die Seele nicht mehr im Körper ist, ist jedoch in jedem Fall endgültig. Aus Berichten wiederbelebter Menschen, in die nach irdischer Wiederbelebung ihre Seele wieder eintrat, ist bekannt, dass sie traurig waren, dass sie weiterleben müssen, nachdem sie für Momente tot waren und das Licht gesehen haben.

Für die Menschen der Neuzeit ist das Ende des Lebens oft eine Tragödie, werden doch alle geschaffenen Werte wie Familie, Ansehen, Vermögen usw. zurückgelassen. In Wirklichkeit ist der irdische Tod jedoch ein Grund zur Freude, verlässt man doch das mühselige Erdenleben und steigt für eine Weile ins Paradies auf. Dabei ist allerdings das Paradies nicht der Himmel oder das ewige Leben, sondern eine Zwischenstation, aus der heraus das Geistwesen Mensch wurde und für ein erneutes irdisches Leben wieder Mensch werden muss. Diese Zwischenstation Paradies hat Geisterstufen, aus denen nach erfolgreichen Bewährungen die Erlösung vom irdischen Examen beendet wird. Danach wird der Menschengeist am jüngsten Tag zu Gott aufsteigen. Es gibt mehrere Geisterstufen. Diese sind aber immer noch Teil der dualen Welt. In den Geisterstufen ist auch eine Beeinflussung Satans immer noch möglich.

Die geistige Seele, die sich bis zur Stufe der Menschen bewährt und eine Erlaubnis zu irdischem Leben bekommen hat, muss so oft Mensch werden, sie muss so viele Examen machen, bis sie sich auch darin bewährt hat. Das sind viele Leben, die je nach dem Stand der Bewährung gelebt werden müssen. Bei mir haben, nach einer Mitteilung der Geisterwelt, die erneuten Leben den Rhythmus von ungefähr 200 Jahren gehabt. In diesem Lebenszyklus von Inkarnation zu Inkarnation zum Beispiel von 200 Jahren – er kann je nach Lebensverlauf und Lebensplan der Leben auch kürzer oder länger sein und es können mehr oder weniger Jahre sein – gibt es drei Abschnitte: das geistige Leben vor der Geburt, das irdische Leben als Mensch und das geistige Leben nach dem Tod. Diese drei Abschnitte sind ungefähr gleich lang, also bei mir ungefähr 3 x 70 bis 75 Jahre, jedes irdische Leben ist ein Lernprozess und für die Seele ein Examen, das durchlebt werden muss. Jeder Mensch wird dabei von seinem geistigen Führer unbewusst geführt. Das Vorhandensein des geistigen Führers ist den Menschen nicht bekannt oder nicht bewusst. Es ist jedoch möglich, Kontakte mit diesem geistigen Führer aufzubauen. Es muss jedoch dafür bereits eine höhere geistig-seelische Entwicklungsstufe vorhanden sein. Die Kontakte werden von dem geistigen Führer oft auch gewünscht. Der Mensch erhält dann auf der mentalen Ebene entsprechende Weisungen. Er bekommt dann auch Antworten auf seine Fragen. Für diese Kontaktaufnahme, die immer vom geistigen Führer gewollt ist und auch vorbereitet wird, gibt es unterschiedliche Verfahren. Diese kann man erlernen. Dazu ist neben einer entsprechenden Lebensauffassung und des eigenen Wollens gegebenenfalls die Unterstützung eines erfahrenen Mediums zweckmäßig und, wenn notwendig, auch erforderlich.

In einem irdischen Leben als Mensch ist nicht immer ein guter Geist als geistiger Führer vorhanden. Dann wird auch eine Kontaktaufnahme nicht erfolgen. Bei Leben, die nicht im Sinne Gottes gelebt wurden, folgen auch Leben, in denen die Vergehen gebüßt werden müssen. Dazu wird auch der Lebensplan vor der Geburt so aufgestellt, dass im folgenden Leben die vorausgegangenen Verfehlungen durch ein entsprechendes Leben in negativem Sinne durchlebt werden muss. Es wird dazu dann auch der entsprechende geistige Führer zur Verfügung gestellt. Jedes irdische

Leben ist ein Leben in der Dualität, in der alles zwei Seiten hat, das Gute und das Schlechte. Dabei gibt es keinen Unterschied in der Bewertung zwischen Gut und Schlecht. Es gibt nichts, was schlecht ist. Schlecht ist das Gegenteil von Gut. Das Schlechte bedingt das Gute, ohne Schlechtes gibt es kein Gutes. Das irdische Leben wird begleitet von Gesundheit und Krankheiten. Krankheiten entstehen aus dem Mangel an seelischem Gleichklang. Zur Gesunderhaltung des Körpers muss dieses gesunde Leben auch erlernt werden. Grundvoraussetzung für die Gesunderhaltung des Körpers ist eine positive Einstellung zum Leben. Dadurch erlernt man, sich so zu ernähren und zu verhalten, dass der Körper gesund bleibt. Krankheiten (das Schlechte) sind Teil des dualen Lebens. Es entsteht dadurch ein Mangel an positiver Energie. Ein irdischer Körper lernt aber, durch Krankheiten entsprechende Gegenmaßnahmen zu entwickeln. Der Körper entwickelt Abwehrkräfte. Durch diese Abwehrkräfte kann der Körper dann wieder gesund werden. Der Körper heilt sich selbst, ärztliche oder sonstige Hilfen sind wirklich nur Unterstützungen zur Selbstheilung des Körpers.

Krankheiten, die der Körper nicht selbst beheben kann, können auch andere Ursachen haben. Oft sind dieses Ursachen seelischer Art. Eine Ursache kann aber auch eine sogenannte Altlast sein, das heißt, dass diese aus vorangegangenen Leben stammen können, in denen schwere Verfehlungen begangen wurden. Sie sind in dem jetzigen oder auch in folgenden Leben zu büßen. Eine Selbsttötung kann deshalb logischerweise nur in folgenden Leben gebüßt werden. Liegen solche Krankheiten vor, sind diese mit irdischen Mitteln nicht heilbar, sie müssen gelebt werden. Eine andere, meistens vorhandene Ursache liegt im Verhalten des betroffenen Menschen. Krankheitsursachen sind fehlender Gleichklang der geistigen Harmonie, die Mitte fehlt. Die Mitte ist das Leben im Gleichklang, alles hat den gleichen Wert im Jetzigen und im Geistigen. Alles ist Yin und Yang, alles ist gleichwertig. Wenn die Seele im Gleichgang ist, dann ist sie und damit auch der menschliche Körper gesund. Ein Sprichwort sagt: in einem gesunden Körper lebt ein gesunder Geist. Darin steckt viel Wahrheit. Wenn der Körper nicht gesund ist, muss die Frage erlaubt sein: Was ist mit dem Geist? Es kann dann auch heißen: Ein gesunder Geist lebt in einem gesunden Körper. Wenn man geistig in der Mitte ist, wird der Körper auch nicht so leicht krank werden. Ernsthafte Krankheiten beginnen im Bereich des Seelischen. Das Seelische ist der Bereich der Aura, der den Körper unsichtbar umgebende Körper des Menschen. Die Aura ist auch ein Teil der dualen Welt, jedoch nicht sichtbar. Die Aura sind die geistigen Körper, die Hülle, in die der Mensch hineingewachsen ist. Sie besteht aus sieben geistigen Körpern, die den irdischen Körper zusammen mit dem sichtbaren Körper bilden und über dessen Außenmaße hinausgehen.

In der Aura beginnen die Krankheiten, bevor sie den physischen Körper befallen. Seelische Ursachen sind häufig der Grund für Krankheiten. Wir kennen die Situationen, in denen Menschen nach sogenannten Schicksalsschlägen in ein tiefes Loch fallen und anschließend oft krank werden. In diesen Fällen ist der unbedingte Glaube an Gott, an die Natur und das Wissen um das Menschenleben meist die einzige Möglichkeit, dieses Tief zu überwinden. Oft ist das Überwinden nur mithilfe von kundigen Menschen möglich, die dann auch unbedingt in Anspruch genommen werden soll.

Vierzehntes Kapitel

Die Existenz Gottes

Wer ist Gott? Oder was ist Gott? Was ist die Existenz Gottes? Die Frage, wer oder was Gott ist, wird sich jeder gläubige Mensch irgendwann einmal stellen. Ist sie doch schließlich die Grundlage des christlichen Glaubens. Kann man diese Frage überhaupt beantworten? Ich glaube nein. Gott ist etwas, was die Menschheit nicht begreifen kann und auch nicht begreifen muss. Aber es gibt dazu eine Erklärung. Alles ist Gott. Gott ist das Universum und die materielle Welt. Er ist alles, was ist, er ist die Natur. Gott war und ist ewig, er hat keinen Anfang und kein Ende. Ist Gott eine Gestalt, eine Energie oder was sonst? Der Versuch, es zu begreifen, ist immer zum Scheitern verurteilt. Man weiß, dass es etwas gibt, was da ist und alles geschaffen hat. Gott ist das Maß allen Seins. Ohne ihn ist nichts. Man kann und muss es nur glauben. Muss man es auch unbedingt begreifen? Ich denke, man muss es nicht.

Gott hat alles geschaffen. Alles, was ist, wurde durch ihn und von ihm erschaffen. Zuerst schuf er den erstgeborenen Sohn Christus und übertrug ihm die Herrschaft über das Universum und die weitere Schöpfung. Christus schuf dann die anderen Gottessöhne. Es war keine Schöpfung wie die der irdischen Lebewesen, sondern auf eine Art und Weise, die den Menschen unbekannt ist und es auch bleiben wird. Es wurden mit Christus insgesamt sieben Gottessöhne erschaffen: Christus, Luzifer, Gabriel, Raffael, Tobias, Ursus und Michael. Die Söhne Gottes sind die Seelen Gottes. Im Reich Gottes ist trotzdem alles Einheit. Christus schuf nach den weiteren Gottessöhnen im Auftrag Gottes die übrige Geisterwelt nach dem Willen Gottes. So wurde im Rahmen der Schöpfung als Letztes der Mensch geschaffen. Ob die Geister eine Figur haben wie die irdischen Menschen, ob sie überhaupt eine Figur haben, man weiß es nicht. Es gibt jedoch einen Hinweis darüber in der Bibel, in der bei der Schaffung des Menschen Gott gesagt hat: Lasset uns den Menschen schaffen nach unserer Art. Danach hätte die Geisterwelt menschliche Form, bzw. die Menschen hätten eine gottähnliche Art und Form.

Die von Gott und Christus geschaffene Geisterwelt war nach der Schöpfung eine Einheit, in der jedes geschaffene geistige Wesen eine Aufgabe hatte. Alles war Harmonie und Liebe. Alle Geister waren Christus untertan. Christus war ihr König. Alles war in geistiger Form. Es gab alles, was wir auch kennen. Es gibt dort auch ein Streitheer zur Sicherstellung der geistigen Ordnung. Trotzdem begann dann der erste Sündenfall, die Auflehnung gegen das Königtum von Christus. Der zweite Gottessohn Luzifer hat sich irgendwann gegen das Königtum Christus aufgelehnt und hat sich damit von Gott losgesagt. Auch er, wie alles in der geistigen Welt, war dem Königtum Christus unterstellt. Er war jedoch von besonderer Schönheit, er war der Lichtträger und strebte an, anstelle von Christus der Erste, der König zu sein. Er wollte herrschen, er wollte nicht dienen. Nach den Worten der Schriften war sein Geist hochfahrend geworden. Dazu hat er sich, wie es auf der Erde bei Aufständen auch geschieht, Helfer und Mitläufer aus der Geisterwelt gesucht, mit denen er die Herrschaft erzwingen und mit ihnen Christus vom Königtum ablösen wollte. Viele der Engel und Geister sind ihm als Mitläufer gefolgt. Dann hat er versucht, mit der Hilfe der Rädelsführer und Mitläufer Christus vom Thron des Königs zu stürzen. Das hat jedoch zu einer Revolution gegen Christus und zu erbitterten Kämpfen im Geisterreich geführt. Auf Weisung Gottes wurde die Revolution schließlich von dem vorhandenen geistigen Streitheer unter der Führung des Geisterfürsten Michael siegreich beendet.

Nachdem die Revolution beendet und der Abfall Luzifers von Gott und von Christus vollzogen war, hat Gott Luzifers und seine Rädelsführer sowie die Mitläufer und ihre Helfer für den Ungehorsam gestraft. Er hat sie aus dem Licht in die absolute Finsternis, in die Hölle verwiesen. Das war der erste Sündenfall. Mit dem Abfall von Gott war damit auch die Dualität geschaffen. Das heißt, es gab nicht mehr nur die Einheit. Es gab von da ab auch die böse, die nicht gottgewollte Einheit. Alles in der Welt der gefallenen Geister war dual, es gab für sie nicht mehr nur die Einheit und die absolute Wahrheit, sondern die Finsternis, der Entzug des reinen Lichts und es gab das Richtige und das Falsche. Dualität ist das, was man mit Yin und Yang bezeichnet. Alles hat zwei Seiten, zwei Ansichten. Zu Hell gehört Dunkel, wo kein Hell ist, kann auch kein Dunkel sein. Jede von beiden Seiten hat dabei den gleichen Wert, nichts ist besser oder schlechter. Zum Guten gehört das Schlechte, zum Schlechten gehört das Gute. Das ist die Dualität. Im Reich von Luzifer, dem Teufel, gab es jetzt Gut und Böse. Alles in der Geisterwelt der abgefallenen Geister ist bis zum heutigen Tage dual. Diese Dualität ist erforderlich und Voraussetzung, damit sich die abgefallenen Geister mit der Entscheidung für das Gute, anstatt für das oft verlockende Schlechte entscheiden. Die richtige Entscheidung ist für die Wiederkehr in das Licht und damit für die Aufnahme in das Geisterreich Christus die Voraussetzung.

Was geschah dann mit den abgefallenen Geistern? Luzifer und seine Miträdelsführer wurden zur Strafe in die absolute Finsternis verbannt, die Mitläufer versetzte Gott in eine mittlere Sphäre, die man das Paradies nennt. Zu diesem Zeitpunkt gab es noch keine materielle Welt, alles, auch das Paradies, war geistig. Im Paradies sollten sich die Mitläufer der Revolution, die weniger Schuldigen für die Rückkehr ins Reich Christus nach der Prüfung ihrer Treue zu Gott bewähren. Diese Geister, die in die mittlere Sphäre verstoßen waren, wurden deshalb im Paradies einer Prüfung unterzogen, die, wenn sie bestanden wurde, die Rückkehr ins Licht ermöglichen sollte. Es wurde ihnen dazu etwas verboten, was sie nicht begreifen konnten. Der Treuebeweis war das Befolgen des Verbotes. Die gefallenen Geister der Tiefe, die sogenannten Teufel, versuchten nun, die Geister in der Paradiesebene zum Abfall von Gott zu verführen. Sie sollten das Verbot nicht befolgen. Dazu wurde den Geistern ein besseres Geisterleben im Reiche Luzifers versprochen. Es war das Gleiche, was immer und auch heute noch von Verführern versprochen wird. Satan hat mit seinen Teufeln die Mitläufer aufgefordert, sich nicht an das Verbot zu halten. Sie haben erreicht, dass das Verbot auch nicht befolgt wurde. Die Bibel nennt es zum Verständnis der Menschen den Baum der Erkenntnis, von dem nicht genommen werden sollte. Das ist ein für Menschen begreiflich gemachtes Bild der verbotenen Frucht (der Apfel). Der weibliche Dualgeist von Adam, die Frau Eva, bzw. deren Seele ist der Verlockung der Teufel erlegen und hat das Verbot wissentlich übertreten. Das wird dargestellt mit dem Pflücken des Apfels vom verbotenen Baum der Erkenntnis. Es ist die symbolische Deutung des Übertretens. Adam, der Partner von Eva, und alle übrigen Geister des Paradieses folgten der Nichtbeachtung des Verbotes. Der erneute Ungehorsam der abgefallenen Geister gegen das Gebot Gottes war der zweite Sündenfall. Es war der zweite Sündenfall der geistigen Welt der Mitläufer. Durch diesen erneuten Sündenfall wurden Adam und Eva mit allen Mitläufern aus der Paradiessphäre verwiesen und in die Tiefe der Finsternis, in die Hölle verbannt. Damit waren sie Luzifer unterstellt und hatten keine Möglichkeiten mehr, von sich aus wieder ins Licht zu kommen.

Dann schuf Gott einen Erlösungsplan. Den Erlösungsplan hat Gott geschaffen, damit alle von ihm getrennten und in die Hölle verstoßenen Geister nach dem Befolgen dieses Erlösungsplans wieder ins Licht, in die Einheit des Universums zurückkommen können. Er hat dazu Besserungsstufen geschaffen, die es den gefallenen Geistern ermöglichen sollen, sich aus der absoluten Finsternis bis zum absoluten Licht, dem Königreich Christus, zu verbessern. Die tiefste Stufe der absoluten Finsternis ist die Hölle. Dann gibt es Besserungsstufen bis zur höchsten Stufe. Es ist das Paradies. Das Paradies ist die Stufe des Menschen. In den Besserungsstufen sind alle Geister nach wie vor Luzifer unterstellt. Es ist die duale geistige Welt. Die Besserungsstufen nach der Hölle beginnen mit der Stufe der Mineralien, der Stufe niedrigsten Tiere, der Stufe der Pflanzen, der Stufe höherer Tiere bis zur Stufe der höchsten Tiere, zu denen auch der Mensch gehört. Der Mensch ist das höchste Tier der Schöpfung. Bis zu dieser Stufe des Menschen kann sich ein gefallener Geist in den Besserungsstufen bewähren.

Alle Geister der Menschen, die erstmals in einem menschlichen Leib verkörpert werden, haben zuvor immer mindestens in einem Tierleibe gelebt. Christus, der erste Gottessohn, wurde dann Mensch, um den letzten Abschnitt des Erlösungsplans Gottes zu verwirklichen. Der letzte Abschnitt des Erlösungsplans war, Luzifer dazu zu bringen, dass er alle gefallenen Geister, die sich zu Christus bekennen, freigibt. Das konnte nur ein höherer Himmelsgeist vollbringen. Es musste dazu ein höherer Himmelsfürst Mensch werden, als Mensch den Tod am Kreuz erleiden und danach den Erlösungsplan bei Luzifer in einem erbitterten Kampf durchsetzen. Diese Aufgabe hat Christus übernommen. Er ist Mensch geworden. Er wurde Mensch wie jeder irdische Mensch. Zur Zeugung des passenden Menschenkörpers wurde von einem vorbestimmten höheren Geist, der dazu in den Körper von Josef eintrat, im Körper von Maria, in den ebenfalls ein höherer Geist eintrat, auf natürlichem Weg ein Mensch gezeugt, der den Namen Jesus bekam. Die Seelen in den Körpern von Maria und Josef, es waren ebenfalls hohe Geister, haben deren Körper dafür vorübergehend verlassen, damit die höchsten Geister zum Zweck der Zeugung in ihre Körper eintreten konnten. So wurde Jesus Christus als Mensch den Naturgesetzen entsprechend gezeugt, ohne dass die vorübergehend aus den Körpern von Maria und Josef ausgetretenen Geister daran beteiligt waren. Diese befanden sich vorübergehend in einem geistigen Koma außerhalb ihrer irdischen Körper und hatten keine Erinnerung an die Zeugung des Menschen Jesus. In diesen Körper des Menschen Jesus ist der höchste Geist Christus dann eingetreten. Der Mensch Jesus hat erst später erfahren, dass seine Seele der Gottessohn Christus war. Es wurde ihm dann auch sein Auftrag im irdischen Leben, das mit der Kreuzigung enden sollte, mitgeteilt. Das Leben Christus und sein irdischer Tod am Kreuz ist in den Prophezeiungen der Propheten lange vorher vorausgesagt worden, wie die Schriften berichten. Mit dem Tod von Jesus Christus durch die Kreuzigung begann der letzte Teil des Erlösungsplans. Es war der Kampf mit Satan, den der Gottessohn Christus führen musste, um die Befreiung der ehemals von

Gott abgefallenen Geister zu erwirken. Mit dem Kreuzestod und dem Sieg über Luzifer hat Christus diesen Teil des Erlösungsplans erfüllt. Dazu ist nach dem irdischen Tod des Jesus der höchste Geist Christus in die absolute Finsternis ins Reich Luzifers abgestiegen und hat mit dem himmlischen Kampfheer auf geistiger Ebene mit Luzifer und seinen Gefährten einen erbitterten Kampf geführt, der mit der Niederlage Satans endete. Satan (Luzifer) musste dann alle die Menschengeister, die nach dem zweiten Sündenfall unter seinem Diktat in der Hölle standen und sich in den Bewährungsstufen bis zum Menschen bewährt hatten, zum Aufstieg in die Geisterstufen des Paradieses freigeben, wenn diese das ernsthaft wollten. Diese Geisterstufen, dreizehn an der Zahl, wurden dazu im Paradies geschaffen. In diesen Geisterstufen bleiben die Menschengeister nach den Leben in der materiellen Welt und können, wenn sie sich bewährt und verbessert haben, weiter bis zur höchsten Stufe aufsteigen. Nach Erreichen der höchsten Stufe, in der eine letzte Bewährung erfolgt, gelangen diese Geister dann als aufgestiegene Meister in die Sphäre des Lichts (Himmel). Das ist aber immer noch der Bereich des Paradieses. Diese Geister sind dann nicht mehr dem Teufel unterstellt. Wenn irgendwann alle Geister, auch die Rädelsführer, diese jedoch zuletzt, aufgestiegen sind, gibt es keine Hölle mehr und der der dann folgende jüngste Tag wird alle Geister ins Licht führen. Dann wird auch die duale Welt enden. Die geschaffene materielle Welt wird sich dann in der umgekehrten Art der Evolution in die höheren Schwingungsebenen des Universums umwandeln. Es gibt nicht den von Menschen gefürchteten Weltuntergang, sondern alles Materielle wird in die höhere Schwingungsebene des Universums umgewandelt werden.

Dann ist alles wieder Einheit. Alles ist dann wieder Liebe. Gott ist Liebe, das Leben ist Liebe, alles, was ist, ist Liebe. Im Geisterreich ist alles Liebe, Liebe ist ewiges Leben. In der materiellen Welt ist ohne Liebe keine Verbesserung möglich. Die Liebe ist die Voraussetzung für das Zusammenleben in der materiellen Welt. Dabei ist nicht die körperliche Liebe, sondern die Liebe zur Schöpfung und zu Gott gemeint. Diese Liebe ist die Voraussetzung für ein erfolgreiches Leben. Der Mensch soll alles lieben. Er soll die Schöpfung Gottes lieben. Nur durch Liebe kann sich der Menschengeist verbessern. Die entscheidende Rolle im Menschenleben ist sein Verhältnis zum Glauben. Es ist der Glaube an Gott, an die geschaffenen irdische und an die geistige Welt, an das Universum. Nicht jeder glaubt an Gott und an Übersinnliches, an einen Ursprung, an einen Anfang der Welt und des Universums. Es ist auch nicht leicht, daran zu glauben. Aber es ist die irdische Bewährung! Nicht alle Menschen wollen sich damit beschäftigen, und wenn doch: Wie findet man Antworten auf die Fragen, die man stellt? Viele Menschen lehnen den Glauben ab. Es ist so, als seien sie der Meinung, sie seien die Krönung der Schöpfung oder als ob sie sich selbst erschaffen hätten. Es ist aber auch eine Reaktion auf das Verhalten vieler Religionen und den Missbrauch der Religionen von einflussreichen Menschen, die im Namen der Religionen die Menschen missbrauchen, betrügen, belügen und töten. Die vergangenen geschichtlichen Überlieferungen sind voll von solchem Missbrauch. Auch und gerade in der heutigen Zeit werden in vielen Ländern der Erde unter dem Vorwand des Glaubens furchtbare Grausamkeiten verübt. So ist es nicht verwunderlich, dass sich Menschen von dem Tun dieser selbst ernannten Götter oder Gottvertreter abwenden und nichts mehr glauben. Selbst die Führer der Religionen, denen bisher viele Gläubige angehörten, schaffen es nicht mehr, die Wahrheit über Gott und die Welt zu vermitteln. Sie werden zunehmend Verwalter von Vermögen und Reichtum, wollen Karriere machen und sie sind nicht mehr die Presbyter, das heißt, sie sind nicht mehr Vorbeter, die Priester, denen Menschen vertrauen können. Ganze Völker, die noch einen richtigen Bezug zu Gott haben, die sich zu Gott bekennen, werden von Ungläubigen, die vorgeben, dass nur sie den richtigen Glauben haben, verfolgt. Die heutige Welt steuert auf eine Entwicklung zu, die der Menschheit vor der Sintflut gleicht. Sie wurde dafür durch die Sintflut von Gott bestraft.

Wer glaubt, stellt sich die Frage: wer ist Gott, wie war der Anfang, wer oder was hat das alles geschaffen und wie wurde es geschaffen? Beweisen kann man es nicht. Was bleibt also anderes als der Glaube? Die Natur bringt ausreichende Beweise und es gibt viele Hinweise in den christlichen Schriften über die materielle Welt. Frühere Generationen hatten Götter, an die sie glaubten. Die Menschheit hat die Wissenschaft, die nach Antworten auf die gestellten Fragen sucht. Auch daraus können Schlüsse über die Welt und das Universum gezogen werden. Gott gab und gibt immer Antworten. Man muss ihn nur fragen. Er bedient sich dabei der geistigen Welt. Diese geistige Welt ist allgegenwärtig. So haben immer wieder höhere Geister in Menschenkörpern gelebt, und auch in der heutigen Zeit gibt es diese hohen Geister in Menschen, die als Propheten die Wahrheit lehren. Diese Menschen bleiben jedoch fast immer unerkannt und werden auch manches Mal verkannt. Über diese irdischen Menschengeister erfährt die Menschheit auch die Wahrheit. Es sind Menschen wie alle anderen, die oft nicht wissen, dass sie Überbringer der Wahrheit sind. Alles, was die Urbibel im Alten Testament berichtet, stammt von diesen Geistmenschen, denn den Ursprung hat ja kein irdischer Mensch miterlebt. Es ist und es waren die Informationen der geistigen Welt an die irdischen Menschen. Auch der Inhalt dieses Buches hat, davon bin ich überzeugt, den Ursprung in den mentalen Mitteilungen der Geister.

Die vorhandenen Religionen haben eine über Jahrhunderte lange Überlieferung von Glaubensregeln. Die christlichen Religionen sind auf das Erdenleben des höchsten Geistes, des Gottessohnes Christus, aufgebaut. Christus hat vor über 2000 Jahren als irdischer Mensch auf der materiellen Erde gelebt. Er war der Gründer der christlichen Lehre. Diese wurde von ihm über seine Apostel weitergegeben. Diese Lehre der Wahrheit ist in vielen Ländern der Erde bekannt. Sie ergänzt bisherige Glaubensrichtungen an Gott mit dem letzten Abschnitt des Erlösungsplans. Zum Teil haben mehrere Religionsgemeinschaften die christliche Lehre für ihr Verständnis geändert. Jedoch gibt es nur eine Wahrheit. Die Menschen und deren Religionsführer haben jedoch bereits festgelegte Theorien und Dogmen, die mit der Wahrheit oft nicht mehr viel gemeinsam haben. Religionen sind im Grundsatz Glaubensgemeinschaften, kein Gottersatz. Es sind Menschen, die sich im Glauben zusammengeschlossen haben in dem Bestreben, der Wahrheit näher zu kommen. Aber jeder Mensch muss, wenn er sich geistig im irdischen Leben verbessern will, an Gott und nicht an seine Religion glauben. Religionen sind, wenn sie auf der christlichen Lehre aufgebaut sind, eine große Hilfe und Trost für suchende Menschen. Religionen, die Menschen unterdrücken, beherrschen, bevormunden und falsch belehren oder nur finanzielle Belange verfolgen, sind Teufelswerk. Auch die sogenannten Sekten, die von irrenden Menschen erfunden wurden, um andere Menschen in eine Abhängigkeit zu führen und auszunutzen, sind Teufelswerk.

Das irdische Menschenleben dient außer der Arterhaltung nur der Verbesserung und Bewährung der Mensch gewordenen Seelen. Menschen sollen so leben, wie es im Plan der Schöpfung vorgesehen ist. Das ist mit der Einhaltung der zehn Gebote, die von Gott durch Moses verkündet wurden, möglich. Eine vorgespielte Frömmigkeit bringt keinen Vorteil, im Gegenteil, es ist Heuchelei. Auch mit besonderen sogenannten guten Werken, mit denen man sein Gewissen erleichtern möchte, erreicht man keine Gnade vor Gott, eher das Gegenteil. Der Sinn des Lebens und das Grundprinzip ist Liebe. Ein gottgefälliges Leben, das Besserung bewirkt, ist möglich, wenn man ganz normal mit dem lebt, was die Natur bereitstellt. Ein gesundes und glückliches Leben erreicht man durch positives Denken und Handeln. Der Mensch ist nicht auf der Erde, um in Angst und Demut zu leben. Er muss froh und glücklich sein und soll dabei stets für diese Chance Gott danken.

Fünfzehntes Kapitel

Die geistige Welt

Die geistige Welt ist alles, was außerhalb der materiellen Welt ist. Es ist die Einheit, es ist das Universum. Es ist das, was der Mensch nicht mit seinen Sinnen wahrnehmen kann. Den Lebewesen in der materiellen Welt ist die geistige Welt nicht bekannt und selten bewusst. Jedoch ist sie allgegenwärtig. Der Mensch wie alle Lebewesen ist ein Teil davon. Die geistige Welt ist in einer höheren Schwingungsebene der Energie als die materielle Welt. Diese höhere Schwingungsebene ist den materiellen Geschöpfen nicht zugänglich und auch nicht bekannt. Die Geister, die in irdischen Körpern sind, wurden nach den Sündenfällen aus dieser höheren geistigen Welt ausgeschlossen. Für sie wurde die duale Welt geschaffen. Dort müssen sie sich zur Verbesserung in irdischen Körpern in irdischen Leben bewähren, um erneut in das Reich der Einheit zu gelangen.

Alle Geschöpfe, sowohl die irdischen als auch die geistigen, sind jedoch in der Gesamtheit Gott. Sie bilden alle die Gesamtheit Gott und sind das Universum. Im höheren Geisterreich, das den gefallenen Geistern nicht mehr zugänglich ist, gibt es nur Wahrheit, dort ist alles Liebe. Nach dem ersten Sündenfall, der ersten Revolution, die von Luzifer, dem zweiten Gottessohn gegen Christus, dem erstgeborenen Gottessohn geführt wurde, ist das Geisterreich gespalten. Es gibt das Reich der Engel, das sind die nicht schuldig gewordenen Geister, und das Reich der Teufel. Das sind die von Christus getrennten und dem Teufel unterstellten Geister. Sie sind vom Königreich Christus ausgeschlossen, bis zum jüngsten Tag, an dem alle abgefallenen Geister den Abfall bereut haben und dann wieder in die Einheit des Universellen aufgenommen werden. Christus, der Erstgeborene, wurde von Gott zum König der gesamten geistigen Welt ernannt. Er ist nach der geistigen Revolution durch Luzifer der Herrscher der höheren Geisterwelt, des absoluten Lichtes. Luzifer, der zweite geborene Gottessohn, wurde nach der Revolution gegen Christus zum Herrscher der Unterwelt und der von Gott abgefallenen Geister bestimmt. Sein Reich ist der absolute Lichtentzug, es ist die Hölle. Beides ist geistige Welt. Einmal das Reich Christus mit den heiligen Geistern, die Gott treu geblieben sind. Es sind die Gottessöhne, Erzengel Cherubine, Seraphine, Triumphiere und die Gesamtheit der Engel. Diese Geister sind im Himmel. Der Himmel ist das geistige Universum. Es ist die Einheit. Zum anderen das Reich Luzifers. Es ist geistig und materiell das Reich der Dualität, das Reich der Bewährung. Die gefallenen Geister sind in dieses Reich Satans verstoßen worden, um zu bereuen und sich zu bessern. Sie haben zu der höchsten Stufe des Lichts keinen Zugang mehr. Ihnen wurden auch alle geistigen Kräfte und Fähigkeiten der Engel genommen. Sie wissen auch nicht mehr, wer und was sie vor dem Sündenfall waren. Zwischen der Stufe des Himmels und der Stufe der Hölle gibt es eine neutrale Welt, die das Paradies genannt wird. In dieser geistigen Ebene befinden sich die Mitläufer der Revolution von Luzifer gegen Christus, die sich im Rahmen einer Bewährung aus der Hölle so weit verbessern konnten, dass sie die Stufe des Menschen erreicht haben. Das Paradies ist nicht der Himmel. Es ist immer noch die Dualität und alle gefallenen Geister unterstehen immer noch dem Teufel, der noch versuchen kann und wird, sie erneut zum Ungehorsam gegen Gott zu beeinflussen. In dieser Stufe müssen sie sich noch so lange durch irdische Leben bewähren, bis sie deren höchste Stufe erreicht haben und zu den aufgestiegenen Meistern gelangen. In dieser Stufe der aufgestiegenen Meister, die nicht mehr Luzifer unterstellt ist, bleiben die Geister, die sich bewährt haben, bis zum jüngsten Tag. Sie haben bestimmte Aufgabenbereiche, mit denen sie die Geister, die sich noch in der Bewährung befinden, unterstützen, sind aber noch keine Engel. Die Geisterstufen und die Bewährung in irdischen Körpern bestehen aus mehreren Stufen und enden nach erfolgreichen Bewährungen in der Stufe der aufgestiegenen Meister. Zur Bewährung bis zu dieser Geisterstufe sind mehrere irdische Leben erforderlich, je nach Verlauf der jeweiligen Leben mehr oder weniger. Aufgestiegene Meister, die sich bewährt haben, bleiben in der höchsten Stufe des Paradieses. Es ist die unterste Stufe des Himmels, des Lichtes. Dort endet auch die Dualität der materiellen Welt. Hier vereinigt sich das höhere Selbst wieder mit allen Seelen, und sie sind dann wieder Einheit. Aufgestiegene Meister sind die höheren Selbst, deren Seelen in irdischen Körpern gelebt haben, und die die Bewährung bestanden haben. Wenn alle Seelen des höheren Selbst die erforderlichen irdischen Leben erfüllt und sich bewährt haben, vereinigen sie sich dann in der sogenannten kumischen Hochzeit mit dem höheren Selbst zum aufgestiegenen Meister. Sie sind dann nicht mehr dual, sie sind dann Einheit, sie sind dann das vereinte höhere Selbst. In der obersten Stufe des Paradieses bleibt das höhere Selbst bis zum jüngsten Tag, an dem alle Geister aufsteigen und ins Licht des Himmels zurückkehren.

Nach dem Tod eines irdischen Körpers verlassen Geist und seine Seele diesen irdischen Körper. Sie gehen zurück in die geistige Welt, in das Paradies. Der tote Körper löst sich wieder auf in die irdischen Teile, aus denen er auch entstanden ist. Was geschieht dann mit dem Menschengeist nach dem irdischen Tod des Körpers, in dem er ein irdisches Leben lang gewesen ist? Es folgt für ihn ein vorübergehendes Dasein im Paradies. Das ist zunächst eine Phase des sogenannten nachirdischen Vakuums. Das ist die Aufarbeitung des vergangenen irdischen Lebens. Das gesamte Leben im irdischen Körper wird nachgestellt und bewertet. Alles, was in diesem Leben geschehen ist, wird bewertet und mit dem Lebensplan für das vergangene Leben verglichen. Es folgt dann die Bewertung mit der Entscheidung, ob ein erneutes Menschenleben in einem anderen Körper notwendig ist. Das wiederholt sich nach jedem irdischen Leben und so oft, bis das höhere Selbst durch irdische Leben ihrer Seelen das Ziel der irdischen Bewährung bestanden und damit die letzte Geisterstufe erreicht hat. Damit ist dann die irdische Bewährung, das irdische Examen beendet. Es wird sich dann entscheiden, ob und wann das höhere Selbst sich mit ihren Seelen in einer kumischen Hochzeit vereinigen kann, um dann in die Ebene der aufgestiegenen Meister einzutreten. In den Stufen des Paradieses befinden sich die Seelen in Gemeinschaft mit ihren geistigen Familien. Die Gliederungen der Geistergemeinschaften sind so, wie wir sie auch im Irdischen kennen. Die Gemeinschaften bilden sich jedoch nicht nach den biologischen irdischen Abstammungen, sondern ausschließlich nach der geistigen Zugehörigkeit der höheren Selbst. Jede Seele ist ein Teil des höheren Selbst. Das höhere Selbst ist ein Glied der geistigen Familie. Die Familie ist ein Glied der Kirche bzw. der Gemeinde. Die Gemeinde ist Teil des Geisterstaates. Jeder Geisterstaat besteht aus Geistern bestimmter Rassen. Die Rassen gliedern sich in Arten. Der Mensch gehört einer bestimmten Art an usw.

Alle aus dem Himmel, aus der Ebene des absoluten Lichts verbannten Geister müssen sich in der dualen Welt verbessern. Die Geister inkarnieren, das heißt, sie dürfen erneut in irdische Körper eintreten, wenn sie dazu die Erlaubnis bekommen. Sie erhalten dann irdische Körper, die ihrem Lebensplan und ihrer Schuld entsprechen. Nach Möglichkeit stammt dieser irdische Körper jeweils aus der biologischen Folge. Damit ist auch gewährleistet, dass in irdischen Leben die Bewährung in der jeweiligen biologischen Reihe stattfindet. Auch der geistige Führer stammt aus der biologischen Folge. Im Paradies ist alles wie in der materiellen Welt. So gibt es auch dort in geistiger Form Mineralien, Pflanzen und Tiere, alles wie auf den Erden. In der Stufe des Paradieses findet auch der Kontakt zwischen Mensch und Geisterwelt statt. Für die irdischen Menschen ist dazu immer der geistige Führer, der ständige Begleiter der Ansprechpartner. Ein Mensch kann die höhere Geisterwelt, die Welt der Engel, nicht direkt anrufen. Es geht alles, ob durch Worte oder Gedanken, über den geistigen Führer. Auch die Funktion des Schutzengels geht über den geistigen Führer. Ob das bewusst oder unbewusst geschieht, spielt dabei keine Rolle. Der geistige Führer ist der Verwalter des menschlichen Bewusstseins. Er weiß im Voraus, wie der Mensch reagiert, und so veranlasst er sofort die für die Situation richtige Maßnahme. Der Mensch kann das so annehmen, jedoch kann er, wenn er will, sich auch anders entscheiden. Aus diesem richtig und falsch ergeben sich die Erfahrung und der Lernprozess des irdischen Lebens. Der geistige Führer ist immer die Seele eines höheren Selbst, im Idealfall eine Seele aus der geistigen Familie. Der geistige Führer hat als Geist bzw. als Seele einen Namen. Diesen Namen kann der Mensch durch Meditation erfahren, wenn das nicht geht, nimmt man einfach irgendeinen Namen. Das ist dann das sogenannte geistige Passwort für den Zugang zum Geisterreich. Wenn erforderlich, wird der Geist bei der Meditation seinen Namen nennen oder den gewählten Namen ändern. Die Geisterwelt möchte immer Kontakte mit den irdischen Menschen aufnehmen. Das kann auf verschiedene Art und Weise geschehen. Menschengeister können von sich aus keinen direkten Kontakt aufbauen. Sie bedienen sich dazu der guten Geisterwelt, der Engel. Die Kontakte mit den vorhandenen materiellen Körpern irdischer Wesen können nur mental vorgenommen werden. Wenn irdisches Handeln notwendig ist oder sichtbar gemacht werden soll, können von irdischen Lebewesen Teile von Körpern dazu materialisiert werden. Dazu benutzen die Geister, wenn sie dazu die Erlaubnis oder einen Auftrag haben, ihre irdischen Körper oder Körperteile. Das können eine Hand, die menschliche Stimme, aber auch Tiere und sonstige Teile von Lebewesen sein. Das dazu notwendige Sichtbarmachen durch Materialisierungen geschieht von den Engeln im Auftrag des geistigen Führers oder von höheren Geistern.

Auch werden Menschen für besondere Zwecke von Geistern zu Medien ausgebildet. Das geschieht auch, ohne dass es der betreffende Mensch wahrnimmt. Dann kann ein beauftragter Geist z. B. mithilfe der menschlichen Stimme bestimmte Mitteilungen machen. So gibt es Sprechmedien, Schreibmedien, Medien, die bei Mitteilungen bewusstlos sind und nach den Mitteilungen nicht wissen, was sie gesagt haben usw. Auch vorübergehende Entmaterialisierungen sind möglich, um Körper an entfernte Orte zu versetzen, um sie dort wieder in den materiellen Zustand zu verwandeln. Mir bzw. dem Geist Ezechiel in meinem Körper wurde das Folgende mitgeteilt: „Du hast die Bewährung mit dem derzeitigen irdischen Leben bestanden. Das ist jetzt nach deinem zweiundvierzigsten irdischen Leben dein letztes irdisches Leben. Es ist dein letztes, notwendiges Menschenleben. Nach dem Tod deines irdischen Körpers gehst du als Geist in die letzte Geisterstufe. Wir sind die Geister deiner geistigen Familie, wir waren und sind deine geistigen Führer. Wir sind immer in deiner Aura. Wir, Oktavia und Oktavus, sind deine Geschwistergeister. Oktavia war in ihren letzten irdischen Leben als Mensch Pauline und deine älteste Tochter. Oktavus lebte in seinem letzten Leben als Hilarius in deiner biologischen Ahnenreihe und war dein Urgroßvater. Er lebt jetzt als Frau sein letztes irdisches Leben. Deine Seele Ezechiel und die Seelen Oktavia und Oktavus sind die drei Seelen von eurem gemeinsamen höheren Selbst Habakuk. Nach deinem Tod und dem Tod des Menschen, in dem Oktavus derzeit ist, vereinigt ihr euch in eurem höheren Selbst in der sogenannten kumischen Hochzeit, das ist die Vereinigung im höheren Selbst. Dieses höhere Selbst steigt dann zu den aufgestiegenen Meistern auf. Zu deiner geistigen Familie gehören weitere Mitglieder. Unser Ziel ist das Seelenheil aller Familienmitglieder. Bei uns hat für dein jetziges Erdenleben dein Seelenheil Vorrang. Wir sind dir in Liebe verbunden. Wir (die Geister, mit denen du Kontakt hast) befinden uns in der geistigen Welt des Paradieses. Das ist im Paradies die Parallelerde. Hier ist alles so wie bei euch. Wir leben in der geistigen Ebene. Über dich wissen wir alles. Pauline ist dein ständiger Begleiter. Wir erwarten dich! Unsere Aufgabe ist, dich im irdischen Leben zu begleiten. Wir sollen dich beschützen. Wir helfen dir bei allen Entscheidungen. Wir beraten dich. Wir warnen, wenn du falsch entscheidest. Wir können für dich Schutzengel rufen. Uns steht für dich das gesamte Geisterreich zur Verfügung. Alle Geister, die guten und die bösen, stehen für dich bereit. Wir teilen dir alles auf geistiger Ebene mit. Nicht alle Menschen können uns verstehen. Dafür ist der Glaube an Gott hilfreich, jedoch ist das Verstehen auch mithilfe der Geister möglich. Deine Aufgabe in deinem jetzigen Erdenleben ist die Weitergabe der Wahrheit, die du durch uns erfahren wirst. Die Wahrheit ist das, was wir dir mitgeteilt haben und das, was du weißt. Fange sofort mit der Weitergabe der Wahrheit an.

„Die Geisterwelt unterstützt alle Menschen. Diese Hilfe muss der Mensch annehmen. Wer sie ablehnt, hat auch die Konsequenzen zu tragen. Hat sie jemand bewusst abgelehnt, so wird er nicht mehr weiter unterstützt. Unsere Hilfe ist eine Gnade Gottes. Wir leben in einer geistigen Welt. Das ist die Erde in geistiger Form. Jeder Menschengeist lebt nach dem irdischen Tod in der Form seines bisherigen irdischen Körpers. Wir Geister in dieser Form können aber die lebenden Menschen nicht sehen und nicht hören, was sie sagen. Das Hören und das Sehen und alle anderen Sinne der Menschen sind materiell und das Materielle des Erdenlebens ist für uns nur in irdischen Körpern und nicht mehr in den geistigen Körpern zugänglich. Die geistigen Führer stehen mit den lebenden Menschen, für die sie zuständig sind, in ständigem, mentalem Kontakt. Sie stellen alle notwendigen Kontakte mit anderen Geistwesen her. Alle Menschengeister befinden sich bis zum jüngsten Tag in ihrer geistigen Familie. Jede Familie dieser Art hat einen Prediger. Dieser ist das geistige Familienoberhaupt. Deine Familie besteht aus dreizehn Seelen, dazu gehört auch der Geist deiner Partnerseele. Nach dem irdischen Tod behalten die Geister die Körperform des zuletzt verstorbenen Menschen. Die Geister leben im weiteren geistigen Leben so, wie sie auf der Erde gelebt hatten. Sie leben in der Zeitebene, die ihrem Stand im letzten Leben entspricht. Dort hat der geistige Körper dann die Form des vergangenen Lebens." „Jeder Geist hat eine geistige Familie. Die Geister, die eine Erlaubnis für ein Erdenleben bekommen, bleiben bis zur irdischen Zeugung eines passenden Körpers in der geistigen Familie. Die gefallenen Geister verbessern sich in irdischen Leben. Dazu trennen sich Teile des höheren Selbst von diesem und inkarnieren als Seele in einem menschlichen Körper. Das höhere Selbst hat je nach Bedarf zwei bis neun Seelen, die inkarnieren können. Für jedes menschliche Leben sind zwei Seelen erforderlich, eine inkarniert und eine andere ist für diese Seele der geistige Führer. Für das irdische Leben inkarnieren die Dualseelen jeweils gleichzeitig. Sie sind meistens zusammen, als Geschwister, als Ehepaar, als Mutter und Kind usw. Dein Geist ist Habakuk. Dessen drei Dualseelen sind

Oktavia, Ezechiel und Oktavus. Es gehören weitere Geister bzw. höhere zu deiner geistigen Familie. Alle Geister und Seelen sind männliche und weibliche Duale. Der Geist, das höhere Selbst deiner geistigen Familie hat drei Seelen. Das ist nicht bei allen Familien so. Jedes höhere Selbst hat so viele Seelen, wie benötigt werden. Deine Partnerseele ist die Seele Salvatius. Dein höheres Selbst Habakuk hat zwei männliche und eine weibliche Seele. Diese heißt Oktavia, es ist Pauline, dein jetziger geistiger Führer, die in deinem letzten Leben deine älteste Tochter war. Sie sind als Geist und als geistiger Führer dein ganzes irdisches Leben bei dir. Nach dem irdischen Tod des letzten Menschenkörpers des höheren Selbst Habakuk vereinigen eure Seelen sich im höheren Selbst. Anschließend geht das dann geschlossene höhere Selbst in die Stufe der aufgestiegenen Meister. Dort erfüllt es noch eine Bewährungszeit. Dann ist es im Licht der aufgestiegenen Meister. Im Licht sind wir den Engeln gleich, jedoch bis zum jüngsten Tag noch nicht wieder Engel. Bei uns Geistern in der Paradiesebene ist alles wie auf der Erde. Wir leben wie ihr in geistigen Familien. Unser Auftrag ist es, uns für das Leben im Licht zu bewähren. Dazu erhalten wir Aufgaben zugeteilt. Der Geist Pauline hat den Auftrag, dich zu führen. In unserem befristeten Zeitraum im Paradies gibt es nur Wahrheit. Jeder soll und muss sich bewähren. Du, das ist deine Seele Ezechiel, wirst nach deinem jetzigen Leben zu den aufgestiegenen Meistern gehören. Engel sind nicht gefallene Geister. Es gibt unzählige Engel. Alle Engel sind in der höheren Sphäre. Unter ihnen gibt es für alle irdischen Menschen Schutzengel und für alles Spezialisten. Diese Spezialisten werden wie die Schutzengel von den geistigen Führern bei Bedarf angefordert. Das geschieht alles ohne Zeitverzögerung. Alles, was die Natur ist, wird von Engeln verwaltet und geführt."

„Böse Geister sind die gefallenen Geister, die vor Gott keine Gnade fanden und sich noch nicht bewähren konnten oder durften oder es noch nicht wollten. Sie sind das Gegenteil von Engeln. Sie sind in der Finsternis, sie sind die Finsternis. Sie sind die Teufel. Sie führen die Anordnungen Luzifers durch. Sie unterstützen ihn. Sie sollen und wollen die Menschen von Gott abbringen. Sie kennen das Licht nicht. Sie wissen nicht, wer sie vor dem Sündenfall waren. Für sie gelten Luzifers Gesetze und diese führen sie durch. Die irdischen, materiellen Menschen und auch deren Geister müssen lernen, ihnen zu widerstehen. Dafür wurde die materielle Welt geschaffen. Die materielle Welt ist die Bühne für das irdische Examen. In der materiellen Welt muss sich ein Geist im Menschenleben so lange verbessern, bis er den bösen Geistern widerstehen kann und auch widerstanden hat. Du, das heißt nicht du als Mensch, sondern deine Seele, hat die letzte Stufe der Geisterstufen in vielen irdischen Leben erreicht und ist jetzt mit unserer Hilfe vor bösen Geistern geschützt. Tu alles, damit dieser Schutz erhalten bleibt. Rufe täglich bei uns diese Hilfe ab. Die bösen Geister wollen dich trotzdem beeinflussen und bekehren zum Abfall von Gott, denn sie wissen nichts von deiner geistigen Stellung. Dieser Versuchung wirst du jedoch widerstehen. Bitte uns, wenn erforderlich, um Hilfe. Von uns bekommst du jede Unterstützung. Gott wird dich rufen, wenn du bereit bist. Er wird dich rufen, wenn du Satan für immer widerstanden hast. Dann hast du, d. h. die Seele Ezechiel, Satan widerstanden und ihn besiegt."

„Der Teufel ist der zweite Gottessohn Luzifer. Er wurde von Gott verstoßen nach der Revolution gegen Christus. Sein Reich ist die totale Finsternis, das ist der Gegenpol des Lichtes. Diese Finsternis ist Teil der dualen Welt. Alle gefallenen Geister müssen sich in dieser dualen Welt der Finsternis bewähren, von der Ebene, in die er nach dem Sündenfall verstoßen wurde, bis hinauf zur Stufe des Menschen. Der Teufel ist für das Schlechte, das Böse zuständig. Sein Gegenpol ist Christus, das Gute, das Licht. Das Gute ist das Reich Gottes und Christus ist dessen König. Gefallene Geister, die sich in der Ebene der Finsternis im Machtbereich des Teufels befinden, können sich nach dem Erlösungsplan verbessern. Die Verbesserung einer Geisterseele können nach dem Erlösungsplan die Teufel nicht mehr verhindern, obwohl alles duale, auch das Paradies als duale Ebene, ihnen weiterhin zugänglich ist. Sie dürfen das Geistwesen nur in ihrem Sinne beeinflussen. Eine Besserung aus der Hölle oder der materiellen Welt ist bis zur

Stufe des Menschen möglich und auch erforderlich, damit die Geisterseele sich zuletzt in Menschenleben bewähren darf. Die Geister, die die Stufe des Menschen erreicht haben, werden für ein Leben im Menschenkörper freigegeben, wenn sie ernsthaft ihren Abfall von Gott bereuen. Die Freigabe deines Geistes, des Geistes Habakuk, für die Besserung in Menschenleben, erfolgte bei einer großen Ausschüttung von Seelen um 6500 vor Christi Geburt (Gemessen nach eurer Zeitrechnung). Seitdem hat der (dein) Geist 42-mal in einem menschlichen Körper gelebt. Dein jetziges Leben ist seine letzte Reinkarnation. Danach wird er mit seiner Seelenfamilie vereint sein. Das Gleiche geschieht mit seiner Partnerseele."

„Zu allen Zeiten sind außer gefallenen Geistern auch hohe heilige Geister auf Gottes Weisung Mensch geworden, um den Erlösungsplan Gottes zu unterstützen und zu verwirklichen. Sie werden dazu irdische Menschen wie alle gefallenen Geister. Sie haben als Mensch auch keine Erinnerungen an ihr vergangenes Dasein im Königreich Christus. Sie erfüllen in der materiellen Welt besondere, an sie gestellte Aufgaben. Die Informationen z. B. über Gott und die Schöpfung wurden und werden von diesen Menschengeistern den Menschen übermittelt und gelehrt. Sie wurden früher Propheten genannt. Es konnte ja kein Mensch im materiellen Zustand die Schöpfung miterlebt haben, weil der Mensch zuletzt geschaffen wurde. Und wenn es so wäre, hätte es nicht für die Nachwelt aufgezeichnet und festgehalten werden können. Alle Informationen stammen daher von Mensch gewordenen höheren Geistern. Die Bibel berichtet von diesen Propheten. Zu jeder Zeit waren diese Geister auf der materiellen Erde und sind es auch heute noch. Im irdischen Leben gelten für sie die gleichen Gesetze wie für alle Menschen, ohne Ausnahme. Der einzige Unterschied ist, dass diese Geister nach dem Tod des Menschen, in dem sie lebten, sofort wieder ins Gottesreich aufgenommen werden. Aus der Bibel kennen wir Adam, Noah, Abraham, Moses, Johannes den Täufer, die Propheten und viele andere, die Mensch gewordene göttliche Geister waren. Auch Christus, der erstgeborene Sohn Gottes, wurde Mensch im Körper des Jesus von Nazareth. Auch Maria und Josef, die Eltern von Jesus, und die Apostel waren alle Mensch gewordene göttliche Geister. Christus ist der erstgeborene Gottessohn. Er ist nach Gott der höchste Geist. Er besitzt Macht über alles, was ist. Er hat nach seinem irdischen Tod im siegreichen Kampf den Teufel besiegt und damit die endgültige Erlösung der gefallenen Geister vorbereitet. Jetzt können alle gefallenen Geister, die es wirklich wollen, durch Bewährung in irdischen Leben ins Himmelreich kommen. Den Zeitpunkt dafür jedoch bestimmt alleine Gott.

Jesus war der Mensch, in dem Christus ein irdisches Leben geführt hat. Das irdische Leben hat er im Auftrage Gottes zur Erfüllung des Erlösungsplanes gelebt. Den irdischen Körper des Menschen Jesus hat der heilige Geist Elias gezeugt. Dazu wurden die sich in den Körpern von Maria und Joseph befindlichen Geister vorübergehend durch hohe göttliche Geister ersetzt. Die Zeugung erfolgte dann nach den bestehenden irdischen Gottesgesetzen durch die hohen Geister in den Körpern von Maria und Joseph, die vorübergehend in deren Körper eintraten. Die Seelen von Maria und Joseph waren daran nicht beteiligt. Sie wurden nach erfolgter Zeugung wieder in ihre Körper eingesetzt. Die folgende Schwangerschaft und Geburt war dann wiederum nach bestehenden Gottes- bzw. Naturgesetzen. Jesus war wie seine Eltern Jude. Sein Vater Josef war der Sohn von Paulus, dem Hirten. Dessen Verlobte war Maria. Jesus war als Mensch Handwerker. Er war ein wohlhabender Mann, hat jedoch sein gesamtes Vermögen humanitären Dingen geopfert. Jesus hat erst später erfahren, dass sein Geist der Geist Christus ist. Jesus hatte Geschwister. Es waren Simon, Andreas, Jacobus, Johannes, Stephan und Maria Magdalena. Seine Geschwister waren, wie auch Maria und Josef, Menschen, in denen hohe Geister eingetreten waren. Diese Geschwister Jesus hatten keine Kinder, alle Brüder waren verheiratet. Sie verließen ihre Frauen, um Jesus zu folgen. Alle Frauen waren damit einverstanden. Auch bei den anderen Aposteln war das so, sie alle waren Menschen mit hohen göttlichen Geistern. Als Jesus erwachsen war, als er predigte und als er gekreuzigt wurde, da wusste er, dass er Christus war."

Hohe heilige Geister sind immer wieder für ganz besondere Aufgaben Mensch geworden. Auch im Körper von Noah war der hohe Geist Raffael. Er hatte die Aufgabe, während der Sintflut den Erhalt alles Geschaffenen zu sichern. Der Mensch Noah lebte Tausende Jahre vor der heutigen Zeitrechnung. Er war 920 Jahre alt, als die Sintflut kam. Die Menschheit damals war so zahlreich wie heute. Die Erde war nicht in Kontinente geteilt. Durch ihren Lebenswandel und den zunehmenden Abfall von Gott wurde von ihm beschlossen, die gesamte Menschheit zu vernichten. Es sollte jedoch zur Erhaltung aller Lebewesen jeweils ein Paar überleben. Durch die Sintflut wurden dann alle lebenden Menschen und Tiere, außer Noah mit seiner Familie und den ausgewählten Tieren und Lebewesen, vernichtet. Dazu wurden von Noah bzw. von dessen Geist, der ein hoher Himmelsfürst war, seine Familie und die auserwählten Tiere und Pflanzen entmaterialisiert, das heißt in den geistigen, den (Arche-) herkömmlichen, den Urzustand versetzt. Der Urzustand ist das Geisterleben, das ewig ist. Das Wort Urzustand wird auch mit dem Wort Arche, was so viel wie Urzustand bedeutet, erklärt. Diese Entmaterialisierung in den geistigen Urzustand wurde von den Geistern des Christenreiches durchgeführt. Die Sintflut war vor vielen Tausend Jahren. Es war eine Wärmeperiode nach einer Eiszeit. In dieser Zeit wurde die Erde, die damals noch zusammenhängend war, überflutet. Die gesamte Erde war mit Wasser bedeckt. Die Sintflut hat über eine sehr lange Zeit von mindestens tausend Jahren gedauert. Nach der Sintflut wurde Noah (Der Geist Raffael) mit seiner Familie, den Tieren und Pflanzen wieder in die materielle Welt versetzt und materialisiert. Das war der Beginn der neuen Menschheit. Es war eine erneute Evolution vor weit über hunderttausend Jahren. Bis zur Sintflut war die Erde ein zusammenhängender Kontinent und auch das Wasser eine Fläche. Die Kontinente sowie Berge und Täler sind erst danach entstanden durch Erdverschiebungen und vulkanische Aktivitäten. Die Bibel erwähnt das auch bei der Aufzählung der Nachkommen des Noah (1 Mose 10.25). „Einer hieß Peleg, weil zu seiner Zeit die Erde zerteilt wurde." Auch im Menschen Abraham war ein hoher Geist. Was über ihn in der

Bibel steht, stimmt. Abraham lebte nach der Sintflut. Abraham war etwa 2,30 m groß. Er lebte mehr als 600 Jahre. Er hat vor Tausenden von Jahren gelebt. Das Zentrum, in dem die Menschen lebten, war in etwa das Gebiet des heutigen China und Tibet. Abraham lebte in der Januarde, einem Gebiet im heutigen China. Mehr als 2000 Jahre nach der Sintflut zog Abraham in Richtung Israel. Abraham mit seinem ganzen Gefolge und großem Bestand an Tieren wanderte bis in das Gebiet des jetzigen Israel und wurde Bewohner des heutigen Palästina. Die Wanderung Abrahams dauerte insgesamt etwa 450 Jahre. Er war der Stammvater der Palästinenser und der Juden.

Sechzehntes Kapitel

Die Menschen heute

Die heutige Menschheit hat sich teilweise vom Glauben entfernt. Der Glaube an Gott ist ihr nicht mehr selbstverständlich. Viele Menschen glauben nicht mehr an einen Gott. Es gibt dafür unterschiedliche Gründe. Reichtum und Ansehen ist für sie wichtiger geworden. In der moderneren Welt sind die Menschen nicht mehr so wie zu früheren Zeiten mit der Natur verbunden und auch nicht mehr so sehr auf Gott angewiesen. Sie leben in und mit der Natur, aber sie wissen nicht mehr, was Natur, was Gott ist. Die Menschheit hat sich in ihrer Weiterentwicklung verselbstständigt. Sie glaubt, nicht mehr auf Gott angewiesen zu sein. Aber trotz Wissenschaft und Fortschritt kann man Gott nicht erklären und das eigene Verständnis kann sich unter einem Gott oft nichts mehr vorstellen. Man kann es nicht verstehen, nicht erklären. Und das in einer modernen Welt, in der doch alles erklärbar scheint. Der Glaube und alles, was geschaffen wurde, spielt im modernen Leben keine Rolle mehr. In sehr vielen Ländern der Erde werden gläubige Menschen verfolgt und Kriege im Namen Gottes von Menschen geführt, die weder gläubig noch human sind. Diese Menschen nutzen den Glauben von gläubigen Menschen für ihr Verhalten aus. Es werden sogar mit Bezug auf Gott durch sogenannte Gotteskrieger Staaten begründet und Andersgläubige verfolgt und getötet. Menschen, die sich weigern, solchen selbst ernannten Göttern und Religionsführern zu folgen, werden gefoltert und getötet. So ist es nicht verwunderlich, dass viele Menschen damit im Glauben an Gott zweifeln. Es ist für sie auch sehr verwunderlich, dass Gott diesem Treiben kein Ende setzt. Sie verstehen aber auch nicht, dass die zunehmenden Naturkatastrophen Gottesstrafen sind. Aber bei der Revolution von Luzifer gegen Christus und bei der Sintflut hat Gott auch sehr lange gezögert, bis die Schuldigen eine tiefgreifende Strafe erhalten haben. Aber es ist die duale Welt und solch ein menschliches Fehlverhalten ist ein Teil der Bewährung. Durch das Fehlverhalten werden die Menschen auf das Böse, auf das Einwirken von Satan hingewiesen. Dadurch soll ein Umdenken hin zu Gott wieder möglich gemacht werden. Die Menschen sollen daraus lernen und sich ändern.

In früheren Zeiten hatten die Menschen ihre Götter, an die sie glaubten. Sie haben sich in Unkenntnis an Götter gehalten, die Sinnbilder der Natur waren. Wenn sie daraus den Glauben an Gott erfahren haben und nicht Götzendienst trieben, haben sie auch damit gottgefällige Leben geführt. Und ist nicht die Natur Gott und kann damit auch die Verehrung dieser Natursinnbilder nicht eine Gottesverehrung sein? Viele alte Religionen haben sich erhalten und sind für die Menschen noch gute Mittel auf dem Weg zu Gott.

Durch die Menschwerdung Christus und dessen Kreuzestod vor mehr als 2000 Jahren wurde der letzte Teil des Erlösungsplans verwirklicht. Auf das Leben Christus im Menschen Jesus hat sich die christliche Lehre gebildet und begründet.

In zahlreichen Ländern hat das Christentum die heidnischen Rituale ersetzt oder ergänzt. Christus, der im Menschen Jesus irdischer Mensch geworden ist, war geborener Jude. Die Abneigung von Juden und arabischer Bevölkerung gegeneinander hat in Zeiten begonnen, über die in der Bibel ausführlich berichtet wird. Sogar die ehemaligen Judenstämme sind gegenseitig verfeindet. Seitdem hat sich diese Feindschaft immer mehr verschärft. Auch die Tatsache, dass Christus in einem jüdischen Menschen gelebt hat, hat die Abneigungen der nichtjüdischen Bevölkerung verstärkt. Das ist aber auch eine Folge der dualen Welt. Und spielt da nicht auch der Teufel eine entscheidende Rolle? Es muss von allen Menschen erkannt und begriffen werden, was gut und was schlecht ist. Auch die christliche Lehre muss den Menschen begreiflich werden. Es muss ein Umdenken hin zu Gott erfolgen. Christus hat es vorgelebt. Es ist auch Teil der Bewährung, es ist die Bewährung.

In den fernöstlichen Gebieten und Ländern sind die althergebrachten Religionen, zum Beispiel der Buddhismus, der Hinduismus und viele andere Religionen, weiterhin vorhanden. Das Christentum ist dort noch nicht Teil des täglichen Lebens. Auch Anhänger dieser Religionen glauben an Gott. Sehr gläubige Menschen findet man in Tibet. Darüber hinaus haben sich viele Sekten und Religionen gebildet, die Teufelswerk sind und die Wahrheit nicht lehren. Bei ihnen ist von Gott nichts vorhanden. Sektenführer und selbst ernannte Götter führen Menschen in Irrlehren, machen sie abhängig und beuten sie finanziell aus. Der Islamismus in den östlichen Ländern hat sich weit verbreitet. Er wird sehr stark von Ungläubigen benutzt, um Menschen in eine Abhängigkeit von ihnen zu treiben. Es ist nicht einfach, sich aus dieser Abhängigkeit und Ausbeutung zu befreien. In dieser sogenannten Religion hat Satan reiche Ernte!

Die Menschheit hat in sehr vielen Bereichen Reichtum und Ansehen zu Göttern gemacht. Das sind ihre Götzen, sie treiben damit Götzendienst. Es gibt immer weniger Menschen, die wirklich an Gott glauben. Auch unter den Repräsentanten der christlichen Religionen befinden sich möglicherweise ungläubige Menschen. Auch dort gibt es Teufelswerk. Sie vermitteln nicht die Wahrheit, sondern suchen in der Religion nur ihre Vorteile. Sie predigen Wasser und trinken Wein. Sie leben in angenehmer Art und Weise, kennen nur die Sonnenseite des Lebens, leben im Wohlstand und nicht wie Jesus Christus in der Bescheidenheit. Sie lehren nicht die Wahrheit und das, was Gottes Wort ist, sondern tragen das vor, was in den christlichen Ausbildungsstätten gelehrt wird und machen sich das zu Eigen. Die Fragen der Menschen über Gott, das Leben, die geistige Welt können sie nicht beantworten. Unter den Repräsentanten der christlichen Religionen gab es immer zahlreiche sogenannte Religionsführer oder selbst ernannte Führer, Könige, die sich selbst zu Stellvertretern Gottes machten usw. Kriege wurden im Namen Gottes geführt. Was für eine Anmaßung und Gotteslästerung! Sie waren alle von Satan beeinflusst. Gott wird sie dafür bestrafen. Viele Menschen leben dadurch ohne Lebensziel. Sie fühlen sich von diesen fehlerhaften Führungspersonen getäuscht und verraten. Dadurch haben sich viele Menschen von den Religionen abgewandt und sie sind ohne Glauben an Gott. Die Führer, die nicht die Lehre Gottes vertreten, töten den Geist der Menschen, sie töten nicht nur Menschenkörper, sondern auch Seelen! Viele Menschen verspotten den Glauben, die Religionen und die Menschen, die an Gott glauben. Der Reichtum der Religionen und das Leben vieler ihrer Repräsentanten trägt viel dazu bei, dass der Glaube an Gott, ganz gleich in welcher Religionsgemeinschaft, schwindet. Diese Repräsentanten verwalten nicht den Glauben an Gott, sondern ihren Reichtum und ihre Karriere. Sie werden dafür ihre verdiente Strafe erhalten. Christus hat der Menschheit mit seinem irdischen Leben im Menschen Jesus gezeigt, was es heißt, in Gott und mit Gott zu leben.

Die Menschen leben auf der Erde, damit sich ihr Geist verbessern kann. Dafür gibt es die Lehren Gottes. Es sind Lebenshilfen, es sind Richtlinien. Diese Lebenshilfen und Richtlinien sind Gebote Gottes. Zu ihrer Kenntnis und Befolgung wurden immer und werden auch heute noch hohe Geister in menschlichen Körpern geboren und sie lehren den Menschen die Wahrheit. Die Wahrheit ist das Wort Gottes. Wer jedoch Menschen von Gott abbringt, ihnen nicht das Wort Gottes lehrt, der tötet. Er tötet nicht den Körper, sondern die Seelen. Das Töten von Seelen ist das Abbringen von Gott, es ist Sünde.

Wer tötet, erhält dafür eine Strafe. Gott ist gerecht und lässt sich nicht verspotten. Viele Krankheiten sind Strafen. Menschen und Völker werden bestraft, wenn der Unglaube zu groß wird. Es hat viele Strafen gegeben und es wird in der Zukunft auch noch viele Bestrafungen geben. Es wird auch eine erneute Strafe oder so etwas wie die Sintflut kommen, wenn die Menschheit so weitermacht und nicht im Sinne der Natur, nicht nach den Gesetzen Gottes lebt. Die Menschheit hat sich auch eine unglaubwürdige Welt zurechtgelegt. Einige Beispiele dazu: Sie glauben, dass Menschen Sünden erlassen können, aber das kann nur Gott. Es stimmt auch nicht, dass Menschen andere Menschen heiligsprechen können. Es stimmt nicht, dass Menschen sich bei

Gott freikaufen können. Es stimmt nicht, dass Menschen auf der Erde kein Gewissen haben müssen. Sie glauben, dass Menschen bei einem guten Leben im Himmel Vorteile haben. Menschen glauben auch, dass sie die Krone der Schöpfung sind. Es stimmt nicht, dass die Menschen wie Gott sind, sie sind nur nach dessen Ebenbild geschaffen worden. Es stimmt nicht, dass die Menschen die größten Talente der Schöpfung sind. Es stimmt nicht, dass Menschen nicht glauben müssen, sondern dass dieses jedem nach eigenem Belieben freigestellt ist. Die Lebensangst ist weit verbreitet. Sie ist aber für das irdische Leben notwendig. Sie ist das natürliche Warnsignal. Ohne Angst fehlt der natürliche Lebenswille. Die Menschen sind in vergangenen Zeiten oft ungläubig gewesen. Dafür wurden sie jedes Mal bestraft. Das waren zum Beispiel Kriege, Erdbeben, Überschwemmungen und weitere sogenannte Katastrophen. Es werden Erdbeben und andere Katastrophen folgen. Das wird teilweise sehr grausam sein. Städte werden zerstört. Es wird viele Tote geben.

Siebzehntes Kapitel

Die Kontakte mit dem geistigen Führer

Kontakte mit dem geistigen Führer sind möglich. Unbewusst bestehen diese Kontakte immer. Der geistige Führer ist ja der ständige Begleiter der Seele in einem irdischen Körper. Er hat die Aufgabe, den Menschen im Sinne seines Lebensplans zu führen und zu beraten. Menschlich gesehen ist es die innere Stimme. Mit dem Erreichen einer höheren Stufe der seelisch-geistigen Entwicklung und einer höheren Geisterstufe, was bereits nach mehreren irdischen Leben möglich ist, kann sich die Schwingungsebene der Seele so weit erhöht haben, dass es für den betreffenden Menschen Kontakte mit der Geisterwelt geben kann. Dazu ist es aber erforderlich, dass man als Mensch auch den festen Willen hat, den Kontakt herzustellen und man ein Leben im Sinne der Schöpfung führt. Man muss auch an die Existenz der Geister glauben. Kontakte aus Neugierde kommen nicht zustande. Eine Lebenseinstellung im christlichen Sinne und die Liebe zur Natur sind sehr behilflich oder sogar Voraussetzung. Ob es Kontakte gibt, entscheidet jedoch die Geisterwelt. Wer den Wunsch hat, mehr über Gott und die Schöpfung, über das Universum, über die menschlichen Leben, über die Natur und alle irdischen Lebewesen zu erfahren, dem wird dieser Wunsch auch erfüllt werden. Es ist auch bekannt, dass es nicht bewusste Kontakte mit dem geistigen Führer gibt. Jeder kennt die Situationen: Wenn man in Gefahr ist und ein ehrliches Stoßgebet zu Gott abgibt, wird geholfen. Das sind die Kontakte der Geisterwelt. Alles, was ein Mensch denkt, wünscht und tut, alles geht immer mental über den geistigen Führer, der ohne Zeitverzug für die jeweilige Situation den entsprechenden Schutzengel anfordern kann, der hilft. Man wünscht sich einen Parkplatz, eine Begegnung mit einem anderen Menschen, die Beschützung bei einer Reise, die Minderung bestehender Schmerzen, die Heilung einer Krankheit, das Bestehen einer Prüfung und vieles mehr. Wenn der Wunsch ehrlich gemeint ist und von Herzen kommt und wenn er nicht dem Lebensplan entgegensteht, geht er in Erfüllung. Wünsche aus Neugierde oder um anzugeben werden nicht erfüllt. Wer nicht an Gott und die Geisterwelt glaubt oder sich sogar darüber lustig macht oder sich darüber abfällig äußert, wird kaum erhört werden. Materielle Wünsche werden nicht erfüllt, es sind keine Wünsche im Sinne des Lebens. Die Grundbedürfnisse werden jedem Menschen ohnehin in der Natur zur Verfügung stehen. Man muss sie aber selbst erarbeiten. Wer verhungert, bei dem ist das im Lebensplan vorgesehen oder ein Teil einer abzuleistenden Strafe. Die Natur stellt alles, was der Mensch braucht, zur Verfügung. Gott hat bei der Schöpfung des Menschen gesagt: wachset und vermehrt euch. Macht euch die Erde untertan. Die Erde untertan machen heißt aber nicht, die Natur auszubeuten und sich alles im Überfluss zu beschaffen. Die Natur stellt den Lebewesen alles zur Verfügung, was sie zum Leben brauchen. Es wächst jedoch nichts in den Mund, sondern es muss erarbeitet werden. Jede Leistung erfordert Gegenleistung, auch in der Natur. Die Aufgabe des Menschen ist nicht, die Natur auszubeuten, sondern sie zu pflegen. Der Raubbau an der Natur ist nicht im Sinne Gottes, sondern kann sogar Sünde sein.

Achtzehntes Kapitel

Mitteilungen, an mich

In diesem Kapitel des Buches beschreibe ich, wie und wann ich zu dem Kontakt mit der Geisterwelt gekommen bin, wie der Kontakt und die Mitteilungen mit den Geistern zustande kommt und wie diese Mitteilungen erfolgen. Seit langer Zeit, eigentlich schon immer, habe ich mich unbewusst mit dem mir Unbekanntem, mit dem vorhandenen Universum und den Lebewesen beschäftigt. Außer dem irdischen Leben muss es doch etwas geben, was mehr als ein Erdenleben ist. Ein Mensch, ein Tier, eine Pflanze, alles, was in der Natur ist, muss doch einen Anfang haben. Es muss doch etwas geben, was alles schafft und ordnet. Aus nichts kann doch nichts entstehen. Wie kann eine Pflanze immer in gleicher Art und Weise entstehen, der Jahreszeit entsprechend wachsen, blühen und Früchte tragen? Tiere haben nicht den Verstand der Menschen, und doch gibt es bei ihnen eine Ordnung. Wie können Hunderte Vögel im Schwarm wundervolle Formationen fliegen, ohne dass sie zusammenstoßen? Wie können Fischschwärme zu Tausenden in den Ozeanen zusammenbleiben? Es gibt unzählige Beispiele, die den Menschen unerklärlich sind. Als Mensch nimmt man das alles einfach als gegeben hin. Doch mir hat das nicht ausgereicht, ich wollte mehr darüber wissen. Auch der Sternenhimmel, die Planeten, das Universum muss doch eine Ordnung besitzen. Wie kann es sein, dass Planeten wie die Erde sich in einer bestimmten Geschwindigkeit und einer exakten Drehung über Millionen von Jahren bewegen, und das sogar mit einem oder mehreren Monden? Alles muss doch den ebenfalls unbekannten Gesetzen folgen.

Als ich das Buch von Johannes Greber „Der Umgang mit der Geisterwelt" gelesen habe, begann ich, die Existenz der Geister und der materiellen Welt zu begreifen. Dieses Buch wurde mir, heute weiß ich es, durch meinen geistigen Führer zugänglich gemacht. Es war an einem Tag, an dem ich eine Esoterikmesse besuchte. Wie geführt wurde ich zu einem Aussteller geleitet der Fotografien der Aura machte. Beim Betrachten einer von mir erstellten Aura-Fotografie sagte die dortige Dame zu mir: „Sie gehören zu den Blauen. Für sie habe ich ein Buch, das müssen Sie lesen." Es war das Buch von Johannes Greber mit dem Titel „Der Umgang mit der Geisterwelt!" Auch das ist der Verkäuferin unbewusst eingegeben worden. Das Buch habe ich erworben und festgestellt, dass darin genau die vielen Fragen behandelt werden, die sich mir seit Langem stellten. Dass ich mentale Fähigkeiten habe, ist mir seit Langem klar geworden. Durch meine langjährige Tätigkeit als Radiästhet mit Wünschelrute und Pendel bin ich automatisch mit der Existenz von Dingen, die nicht menschlicher, sondern geistiger Art sind, konfrontiert worden. Nach der Teilnahme an verschiedenen Veranstaltungen und Vorträgen über die Radiästhesie und nachdem ich mich mit entsprechender Lektüre beschäftigt und eine Zeitschrift für Radiästhesie abonniert hatte, wurde der Wunsch, mehr darüber zu erfahren, in mir immer größer. Durch einen Vorfall – heute glaube ich, dass auch dieser Vorfall von der Geisterwelt gesteuert und gewollt war – wurde ich zur Reiki-Behandlungstechnik geführt. Bei einem Kurzurlaub mit einer Gruppe, an dem ich nach einer überstandenen Halswirbelbehandlung teilgenommen habe, hatte ich plötzlich einen Schwindelanfall und musste mich wegen akuter Übelkeit hinsetzen. Eine Teilnehmerin, die Reiki praktiziert, ich wusste es nicht, hat sich spontan angeboten, mich mit Reiki zu behandeln. Danach war ich in ganz kurzer Zeit wieder beschwerdefrei. Das hat mich beschäftigt, ich wollte mehr darüber wissen.

Durch diesen Vorfall bestärkt, habe ich mich dann einer Reiki-Gruppe angeschlossen und festgestellt, dass die Lebensenergie nach den dort durchgeführten Übungen und Einführungen in mir eine ganz andere geistige Qualität erzeugt hat. Meine universelle Lebensenergie steigerte sich merklich. Mental wurde mir dann später jedoch eingegeben, dass dieses Reiki notwendigerweise meine erforderliche seelische Entwicklung steigert, jedoch noch nicht das endgültige Ziel meiner geistig seelischen Entwicklung sei, mein Ziel sei mehr. So habe ich dann eine regelmäßige Meditation eingerichtet, in die ich auch alles Geistige und Bücher einbezogen habe. Es begann eine sehr beruhigende Phase in meinem Leben. Ich spürte, dass meine Lebensenergie eine positivere Qualität bekam. Ein Schlüsselerlebnis für mich war, als mir nachts eine stattliche ältere Dame neben meinem Bett stehend erschienen ist und mir sagte: „Kümmere dich um deinen Namen!" Ich kann nicht sagen, ob diese Erscheinung im Traum oder im wachen Zustand stattfand. Diese ältere Dame kam mir nicht unbekannt vor. Mich hat diese Aufforderung sehr berührt und sehr beschäftigt. Nur eins blieb offen: Wie mache ich das? Muss ich jetzt alle Kirchenbücher und Archive abklappern? Mein nächster Gedanke war: Frage doch die Dame, die dir im Traum erschienen ist. Aber wie? Bei der nächsten Meditation habe ich dann diesen Gedanken ins Universum gegeben, mit der Bitte, mir einen Hinweis zukommen zu lassen, wie ich Kontakte herstellen kann, damit ich erfahre, was ich tun kann, um mich um meinen Namen zu kümmern. So kam dann auch der Hinweis im Traum. Er lautete: lerne Pendeln! Doch genau das war für mich zunächst ein Schock, war ich doch der Meinung, dass ich bereits sehr gut mit dem Pendel arbeiten kann. Nach dem Studium meiner vorhandenen Literatur stellte ich dann fest, dass mein bisheriges Pendeln überwiegend das materielle Pendeln betraf und dass es auch ein mentales, ein geistiges Pendeln gibt. Und genau das war die Lösung meines Problems. Bei den Meditationen habe ich zunächst an einer Buchstabentafel mit dem Pendel angefangen, eine Antwort auf gestellte Fragen zu bekommen. Es kamen tatsächlich entsprechende Antworten Buchstabe für Buchstabe, die Wörter und in der Zusammensetzung ganze Texte ergaben. Am Anfang waren diese auch sehr ungenau und fehlerhaft. Viele Fehlinterpretationen sind dabei gewesen. Es wurde mir klar, dass nur ständiges Üben und eine enorme Konzentration die Voraussetzungen für ein erfolgreiches und richtiges Pendeln sind. Auch die Fragestellung muss sehr präzise gestellt sein. So stellte ich fest, dass zum geistigen Pendeln der absolute Wille, der Glauben an die Geisterwelt und eine gründliche Vorbereitung notwendig sind. Mir wurde auch verständlich, dass die Geisterwelt den Kontakt wünscht.

Zu der Aufforderung „Kümmere dich um deinen Namen" wurde mir dann in vielen Meditationen Folgendes mitgeteilt: Du wurdest in einem deiner früheren Leben am 12. November 1354 in Namur, einer Stadt im heutigen Belgien, geboren. Dort hast du bis 1376 gelebt und hast Kaufmann gelernt. Als Mensch warst du Franzose. Dein Vater stammte aus Longwy, einer Kleinstadt im westlichen Frankreich, deine Mutter stammte aus Namur. Der Name der Familie war Dumont. Du hattest einen Bruder und eine Schwester. Dann bist du nach Paris gegangen und hast dort als Künstler gelebt. Als Porträtmaler hast du dort gearbeitet. Man nannte dich, weil du Aquarelle herstelltest, „Aquarelloir", den Zeichner. Den Namen Aquarelloir hast du als Künstler- und Familiennamen angenommen und behalten. Es ist der Ursprung deines heutigen Nachnamens, der sich jedoch über Generationen geändert hat, aber den Ursprung trotzdem noch bis zum heutigen Tag hat. In Paris hattest du drei Beziehungen, warst jedoch immer unverheiratet und bist 1414 mit 60 Jahren gestorben. Aus den Beziehungen hattest du einen Sohn, der den Namen Aquarelloir als Familiennamen führte. Der Name mit den erfolgten Änderungen hat sich in den folgenden Generationen bis zum heutigen Tag gehalten. Der Name Aquarelloir hat sich im Laufe der Generationen über drei Änderungen verkürzt und hat sich zuletzt 1804 in den heutigen Nachnamen geändert. Damit wird aber auch die Verbindung der geistigen Seelen mit den irdischen Generationsfolgen deutlich. Die Seelen treten, wenn es der jeweilige Lebensplan ermöglicht, im Menschenkörper eine biologische Folge an. Nach dieser Mitteilung des Namens war für mich klar und bewiesen, dass es die Verbindungen mit der Geisterwelt gibt. Nach der Aufforderung, mich um meinen Namen zu kümmern und meiner Bitte, mich bei der Findung zu unterstützen, hat mir die Geisterwelt durch Vermittlung meines geistigen Führers sehr ausführlich Auskunft darüber gegeben.

Bei weiteren Meditationen habe ich mithilfe von Zahlen- und Buchstabentabellen gependelt, indem ich Fragen stellte, die mir dann beantwortet wurden. Es wurde jeweils ein Buchstabe oder eine Zahl mitgeteilt, bei denen dann das Pendel ein Ja zeigte. So folgte Buchstabe auf Buchstabe, die Wörter ergaben. Beim Wortende erfolgte vom Pendel eine entsprechende andere Drehung. Auch Satzende und Ende der Mitteilung wurden entsprechend angezeigt. Später brauchte ich nur an Vorgänge zu denken, zu denen ich dann immer die richtige Antwort erhalten habe. Dann war schon beim ersten Gedanken die richtige Antwort in meinem Gedächtnis vorhanden. Zum Verständnis sei gesagt, dass der Geist im Menschenkörper und nicht der irdische Körper diese Dialoge führt. Es kommunizieren Geist und geistiger Führer miteinander. Sie benutzen dazu nur materielles Leben, um die Mitteilungen verständlich zu machen. Dieses menschliche Medium war ich. Vieles wurde mir mitgeteilt, was ich bis dahin nicht wusste. Ich stellte jedoch zunehmend fest, dass sehr viele Mitteilungen über Vergangenes aus meinem Gesamtbewusstsein stammen. Vor allem das, was mich und meine vorherigen Leben betrifft. Das Gesamtbewusstsein, dessen Inhalt alles aus allen Vorleben der Seele beinhaltet, ist der Seele bekannt und wenn erforderlich zugänglich, soweit es für einen bestimmten Sachverhalt gebraucht wird und die geistige Welt es für richtig erachtet. Ich stellte auch fest, dass sich Mitteilungen auf das bezogen, was ich gedanklich verarbeitete. So wurde es mir möglich, ein Problem, das mich beschäftigte, einfach von der Geisterwelt lösen zu lassen. Das wird sogar von der Geisterwelt gewünscht. Ich stelle das zu lösende Problem einfach ins Universum und erhalte mental die Lösung oder den Weg dazu. Immer wieder erhalte ich auch die Hinweise: „Wenn du etwas wissen willst, frage uns, wenn du Hilfe brauchst, rufe uns." Das funktioniert so ausgezeichnet, dass ich selbst immer wieder staunen muss. Dazu einige Beispiele:

Im Urlaub habe ich, wie immer, die Meditation durchgeführt und die Kontakte mit der Geisterwelt beibehalten. Auch dabei erhalte ich immer Mitteilungen. Nachfolgend eine Mitteilung, die den Kontakt in eindeutiger Weise bestätigt.

Die Mitteilung für mich lautete kurz und bündig: „Heute sollt ihr nach X, einem bestimmten Ort, kommen." Wir sind im Laufe des Tages dorthin gefahren. Am Ortseingang steht ein Schild mit dem Hinweis zu einem Wanderweg, der Reste aus dem Zweiten Weltkrieg zeigt. Wir sind dort zum Startpunkt gefahren, um uns zu informieren. Es sind Informationstafeln aufgestellt. Eine Information ist vorhanden, auf der vermerkt ist, dass man eine Broschüre über den Inhalt der dort vorhandenen Tafeln im dortigen Gemeindebüro kaufen kann. Ich war der Meinung, dass mich das Heft interessieren wird und ich es irgendwann kaufen sollte. Wir sind dann aber nicht zum Gemeindebüro gegangen, wo es die Broschüre geben soll, sondern zunächst zu einer im Ort vorhandenen Gartenanlage gefahren. Im dortigen Eingang habe ich auf meine Frau gewartet und neben einem Regal gestanden, in dem gärtnerische Bücher und Broschüren zum Verkauf ausgestellt waren. Als meine Frau kam, habe ich unbewusst in einer Reihe aus mindestens 12 bis 15 Broschüren zu einer einzigen gefasst, das Exemplar herausgenommen, es war das vorher beschriebene Heft. Es war dort, ich habe mich anschließend überzeugt. Das einzige Heft über die Erläuterungen zum Wanderweg. Zu den übrigen Büchern über Gartenartikel hatte es überhaupt keinen Bezug.

Am folgenden Tag habe ich bei der Meditation nachgefragt, wie das passieren konnte. Die Mitteilung lautete: „Das Heft haben wir für dich hingelegt." Das wird von der Geisterwelt folgendermaßen vorbereit: Es wird im Voraus von der geistigen Welt, die weiß, dass ich diese Broschüre finden soll, irgendeiner Person, die das Heft bereits gekauft hat, unbewusst eingegeben, dass sie das Heft dort ablegen soll. Das alles ist dieser Person weder bekannt noch bewusst. Auch wird sie das Fehlen der Broschüre nicht vermissen. So wurde diese Broschüre auch für mich durch Veranlassung der Geisterwelt abgelegt.

Solche und ähnliche Vorgänge sind inzwischen bei mir fast an der Tagesordnung. Über alles erhalte ich durch die Vermittlung meines geistigen Führers, den ich Pauline nenne, Informationen. Pauline ist für mich die geistige Internetadresse und auch das entsprechende Passwort. Es gibt, genau wie in der materiellen Welt im Universum, eine Kontaktebene wie das Internet und die Übertragungswege für Informationen, die ich einfach geistiges Internet bezeichne. Pauline, die als Geist in diesem Leben mein geistiger Führer ist, ist in diesem geistigen Internet meine Internetadresse. Pauline, heute weiß ich das, ist die Seele Oktavia, eine Geschwisterseele meiner Seele. Sie ist für meinen Kontakt mit der Geisterwelt zuständig. Sie ist mein geistiger Führer. Die Seele Oktavia hat zuletzt gelebt in einem Menschen, der meine Tochter Pauline in meinem vorletzten Leben im 18. Jahrhundert war. In meinem jetzigen Leben ist Oktavia mein geistiger Führer, mein ständiger Begleiter bis zu meinem irdischen Tod.

Die Verständigung mit der Geisterwelt bzw. mit Pauline ist für mich jederzeit möglich. Ein Gedanke genügt dazu. In den meisten Fällen ist mir der Kontakt nicht einmal bewusst. Bei den geplanten Meditationen, die ich regelmäßig durchführe, erhalte ich jetzt meistens nur Stichworte, die ich notiere. Mit diesen Stichworten ist mir aber schon der gesamte Inhalt der Mitteilung mental ins Bewusstsein eingegeben worden und damit für mich verständlich. Die Mitteilung und das entsprechende Wissen wird mir von Geistern, die mein geistiger Führer dazu angefordert hat, eingegeben. Zum Beginn der Kontakte mit der Geisterwelt, als ich gefragt habe, wie ich den Kontakt mit der Geisterwelt herstellen kann, wurde mir auch mental die Aufforderung gegeben: lerne Latein! Daraufhin habe ich mich mit der lateinischen Sprache, so gut es ging, beschäftigt und sie gelernt. Aus dem Befolgen der Aufforderung heraus ist Latein aber ausreichend, um zu verstehen, dass Stichwörter einen bestimmten Sachverhalt wie im Latein erklären können. Wie bei den Kontakten mit der Geisterwelt, so ist ein Stichwort der Geister ausreichend um alles, was mit diesem Hinweis ausgedrückt werden soll, zu verstehen.

Mein erstes Erdenleben, das erste Leben der Seele Ezechiel, einer Seele meines höheren Selbst, begann vor ca. 8600 Jahren im Gebiet des heutigen Sizilien. Meine Seele gehört so zur Rasse der Südländer. Obwohl es damals noch nicht die lateinische Sprache gab, hat die Seele viele Leben in südeuropäischen Bereichen gelebt und hat als Südländer in der Seelenmatrix von Beginn an diese archetypischen Merkmale. Erst mit der Expansion des Römischen Reiches, dessen Sprache Latein war, in die Regionen des Germania hat die Seele Ezechiel in Körpern von Mitteleuropäern gelebt. Latein und die romanischen Sprachen sind demnach sozusagen die Muttersprachen der Seele Ezechiel meines höheren Selbst, die bis heute in 42 verschiedenen Menschenkörpern gelebt hat.

Der Kontakt mit der Geisterwelt ist also immer möglich, setzt jedoch voraus, dass man eine bestimmte geistig-seelische Entwicklungsstufe erreicht hat, an die Existenz der geistigen Welt glaubt, völlig uneigennützig ist und keine persönlichen Vorteile erhofft. Den Kontakt aus purer Neugierde zu suchen oder gar nach finanziellen Dingen zu fragen, beendet den Kontakt sofort. Materielle Dinge und Wünsche werden nicht beantwortet. Es ist müßig, nach den nächsten und richtigen Gewinnzahlen zu fragen. Geld ist Teufelswerk, und Fragen darüber werden nicht beantwortet.

Ob ein Kontakt möglich und notwendig ist, entscheidet die Geisterwelt. Zum irdischen Menschenleben ist er nicht erforderlich.

Neunzehntes Kapitel

Mitteilungen über die Leben der Seele Ezechiel

Über die erste Inkarnation, das heißt über die erste Menschwerdung, das erste irdische Leben des höheren Selbst Habakuk mit seiner Seele Ezechiel, die jetzt in meinem irdischen Körper ist, wurde mir nur eine einzige Information mitgeteilt. Danach hat mein höheres Selbst bei einer der großen Ausschüttungen von Seelen in den Jahren um 6500 vor Christi Geburt, vor dem Beginn der heutigen Zeitrechnung, also vor etwa 8500 Jahren unserer Zeitrechnung, die Erlaubnis zur Menschwerdung seiner drei Seelen mit ihren Dualseelen erhalten. Nach einer Mitteilung begann das erste irdische Leben des höheren Selbst Habakuk und seiner Seele Ezechiel im Mittelmeerraum im Gebiet des heutigen Sizilien. Die Seele Ezechiel begann seine irdischen Menschenleben im Körper eines Mannes, der Südländer war. Das höhere Selbst, so wurde mir mitgeteilt, gehört ebenfalls zur Rasse der Südländer und zum geistigen Stamm der Italiker. Die Rasse und der Stamm sind der ursprüngliche Archetyp, die Grundeigenschaften der Seele.

Die nächste Mitteilung über weitere Leben kam dann über das 33. Leben als Frau. Das 33. Leben begann mit der irdischen Geburt im Jahre 154 n. Chr. Die Seele Ezechiel wurde in einem weiblichen Körper einer Südländerin, einer Italikerin im heutigen Italien, geboren. Ihr Name war Diana Muno. Ihr Vater war Giovanni Muno, die Mutter war Maria Nannini. Sie lebten damals in Italien, in Alesso. Sie hatte acht Geschwister, sie war das jüngste Kind. Die Partnerseele von der Seele Ezechiel war damals ihr Ehemann.

Das 34. Leben, auch ein Leben als Frau, begann im Jahre 356 n. Chr. Diese Frau wurde in der Stadt Namur (im heutigen Belgien) geboren. Ihr Name war Paula. In der Reihe ihrer biologischen Vorfahren war ein Südländer, die bei der römischen

Eroberung Galliens mit den Römern in das Gebiet des heutigen Belgien gekommen sind. Es ist die biologische Erbfolge der Geschlechter. Gestorben ist Paula mit 76 Jahren.

Das 35. Leben, ebenfalls als Frau, begann im Jahre 556 n. Chr. Diese Frau wurde in Namur (im heutigen Belgien) geboren. Sie war Französin. Ihr Name war Marie Titus. Ihr Vater war Marcel Titus, die Mutter hieß Jannet Rubier.

Das 36. Leben, auch als Frau, begann im Jahre 754 n. Chr. Sie wurde ebenfalls in Namur geboren. Ihr Vater war Soldat, die Mutter Französin. Sie hatte drei Geschwister. Ihr Vorname war Justine und ihr Nachname Belsum. Die Partnerseele war ihr Vater.

Das 37. Leben als Frau begann im Jahre 943 n. Chr. Auch sie wurde in Namur geboren. Ihr Name war Helene Gui, ihr Vater war Jean Gui, ihre Mutter Marianne Futuri. Gestorben ist sie mit 102 Jahren. Die Partnerseele war ihre Tochter.

Das 38. Leben als Frau begann im Jahre 1154. Der Geburts- und Wohnort war Longwy. Auch sie war Französin. Ihr Name war Susanne Alberta. Ihre Eltern waren Albert und Sophie Dumas. Sie war verheiratet mit Bernhard Jopin aus Varnet. Sie hatten sechs Kinder, zwei Jungen und vier Mädchen. Sie haben in Longwy gewohnt. Von Longwy sind sie später nach Sedan umgezogen. Ihr Mann stammte aus Sedan. Dort lebten sie bis zu ihrem Tod als selbstständige Kaufleute. Beerdigt wurden sie auch in Sedan.

Das 39. Leben begann als Mann im Jahre 1354. Dieser Mann wurde in Namur geboren und ist 1390 mit 36 Jahren gestorben. Er war Franzose und hat bei seinem Vater Kaufmann gelernt. Sein Name war Marcel Dumont. Sein Vater stammte aus Longwy, seine Mutter aus Namur. Er hatte zwei Geschwister, einen Bruder und eine Schwester. Der Familienname war Dumont. Später ist dieser Marcel Dumont nach Paris gegangen und hat dort als Künstler gearbeitet. Er war dort als Porträtmaler tätig. Dort nannte man ihn, weil seine Kunst das Aquarellbild war, den Aquarelloir (den Zeichner). Diesen Namen hat er auch als Familiennamen geführt. In Paris hatte er drei Beziehungen. In der ersten Beziehung hatte er einen Sohn und zwei Töchter. Die beiden anderen Beziehungen blieben kinderlos. Der Sohn aus der ersten Ehe hatte den Namen Aquarelloir seines Vaters beibehalten. Dieser Name hat sich dann in späteren Generationen mehrmals geändert bis zuletzt in den heutigen Nachnamen.

Das 40. Leben als Frau begann im Jahre 1554. Ihr Name war Ottilie. Geboren wurde sie in Longwy, einer Kleinstadt im Westen Frankreichs, westlich von Luxemburg. Gelebt hat sie in Longwy, gestorben ist sie dort 1635 mit 81 Jahren. Sie war Ärztin und nicht verheiratet. Sie lebte mit einer Frau zusammen.

Das 41. Leben als Mann wurde mir sehr ausführlich beschrieben. Als das vorletzte Leben ist dieses Leben im Gesamtbewusstsein zuletzt abgelegt und damit am besten für das Erinnern erreichbar. Es wird im Folgenden ausführlich beschrieben.

Zwanzigstes Kapitel

Das vorletzte irdische Leben der Seele Ezechiel

Das 41. Leben war das vorletzte irdische Leben der Seele Ezechiel und begann mit der irdischen Geburt am 12. November 1754. Geboren wurde ich (meine Seele Ezechiel) als Mann in einem Ort im westlichen Belgien. Wenn ich hier das Wort Ich benutzte, ist damit nicht mein jetziger irdischer Körper, sondern mein höheres Selbst mit der Seele Ezechiel gemeint.

Als letzter von Zwillingen wurde ich als Mensch, in dem die Seele Ezechiel lebt und der den Namen Jean bekam, geboren. Mein Zwillingsbruder hatte den Namen Febier. Er war der ältere Zwilling. Unser Vater war Karel (1733–1814) und stammte aus der Stadt Namur im heutigen Belgien. Er wurde 81 Jahre alt. Der Großvater von Karel war Valerius. Auch er und seine Vorfahren stammten aus Namur. Die Vorfahren waren seit Generationen Franzosen. In Namur lebten sie seit 1112. Das Gebiet um Namur gehörte im 18. Jahrhundert zu Österreich-Ungarn. Der Großvater Valerius war Händler und hat sich beruflich von Namur in einen Ort im heutigen Belgien verändert. Er hat da gewohnt, geheiratet, und dort war der ständige Wohnsitz seiner Familie. Der Sohn von Valerius, unser Vater Karel, hat dort als Postbediensteter gearbeitet. Die Ehefrau von Karel, unsere Mutter, hieß Severin (1733–1817) und stammte aus einem Dorf im heutigen Westdeutschland. Die Mutter von Severin war die Tochter von Peter Bakes und Clodet Rybai. Peter Bakes war Deutscher, der im gleichen Ort in Belgien gearbeitet hat. Clodet Rybai war Französin und arbeitete ebenfalls im gleichen Ort

Die Eltern von Clodet stammten aus Namur. Sie waren befreundet mit Valerius. So ist Clodet auch in den Ort, in dem Valerie, der Vater von Karel lebte, gekommen.

Clodet hat den Deutschen Peter Bakes, der auch in diesem Ort arbeitete und lebte, kennengelernt.

Von diesem Peter Bakes hatte sie die unehelich geborene Tochter Severin Rybai. Später hat Clodet Peter Bakes geheiratet. Sie ist mit ihm nach Deutschland in dessen Heimat in Westdeutschland gezogen. Severin, die Tochter von Clodet, wurde von Peter Bakes adoptiert und lebte dann in Deutschland, dem Heimatort von Peter Bakes. Später ging Severin beruflich auch in den nahe gelegenen, oben erwähnten Ort und hat dort Friseurin gelernt. Mit 16 Jahren hat sie Karel kennengelernt. Später hat Karel sie geheiratet. Sie war damals 19 Jahre alt. Später war Severin dann selbstständige Friseurmeisterin. Karel war dort Postbediensteter.

In dem Ort hatten sie ein eigenes Haus. Aus der Ehe gingen 4 Kinder hervor. Das waren Stefan, die Zwillinge Febier und Jean und die Tochter Ursula. Die Kinder sind dort zur Welt gekommen und zur Schule gegangen. Sie waren katholisch, was damals in den ehemaligen römischen Bereichen normal war. Den Ort, in dem das 41. irdische Leben (der Seele Ezechiel), mein Vorleben, begann, habe ich aufgesucht. Irgendwie kam mir dieser Ort vertraut vor, obwohl ich noch nie dort gewesen bin oder mich mit dem Ort beschäftigt habe. Es ist selbstverständlich nichts mehr wie vor 200 Jahren. Die dortige Kirche war mir völlig fremd, obwohl Kirchen immer Bauten aus der Vorzeit sind, an die man sich zuerst erinnern kann. Später habe ich bei meinen Recherchen festgestellt, dass diese Kirche erst nach 1788, als wir nicht mehr dort gelebt haben, gebaut wurde. Die damalige Kirche – als wir dort lebten – stand an einem Bach. Eine Kapelle, die heute dort am Fluss steht, hat mir eine schwache Erinnerung an eine damals dort stehende Kirche vermittelt.

Jean, der Mann, der ich damals war, war ein gelernter Silberschmied. Er war mit einer Hedwig verheiratet. Sie war Deutsche und stammte aus einer westdeutschen Stadt. Dort wurde sie 1756 geboren. Jean und Hedwig haben sich kennengelernt, als Jean in der Stadt, in der Hedwig lebte, zur Meisterschule der Gold- und Silberschmiede ging. Hedwig hat damals bei einer Familie Simon im Haushalt gearbeitet. Sie lernte Jean kennen und ist dann mit ihm in dessen Heimatort gegangen. Dort haben sie dann später geheiratet. Sie haben auch im genannten Ort gewohnt. Aus der Ehe mit Jean und Hedwig sind drei Kinder hervorgegangen, Pauline, Karoline und Mattes. In dem Ort hat die Familie bis 1788 gewohnt. Mit einer Beförderung von Karel, dem Vater von Jean, und einer damit verbundenen Versetzung in eine Stadt im westlichen Frankreich sind sie dorthin umgezogen. Der Umzug wurde mit Pferd und Wagen durchgeführt. Pferd und Wagen waren Eigentum. Die Reise dorthin hat sieben Tage gedauert. In der Stadt wurde unser Vater Karel dann Leiter der dortigen Poststelle. Mit ihm ist die gesamte Familie umgezogen. Stefan, der älteste Sohn von Karel und Severin, hat nach dem Umzug dort als Konditor gearbeitet, Febier, der Zwillingsbruder von Jean, war als Helfer in der Landwirtschaft beschäftigt und Jean hat als Silberschmied gearbeitet. Ursula, die Tochter, war im elterlichen Haushalt tätig. Sie hatte, wie damals üblich, keinen Beruf erlernt.

Mit Beginn der französischen Revolution in Frankreich waren deutsche, deutschstämmige oder Franzosen mit deutschen Ehepartnern nicht mehr willkommen. Deshalb musste Karel dann seine Stellung als Leiter der Poststelle in der Stadt aufgeben und wegziehen, weil er mit Severin, einer deutschen Frau, der Tochter von Clodet Bakes, geborene Clodet Rybai, einer geborenen Französin, verheiratet war. Deren Vater Peter Bakes war Deutscher und das war ein Grund, warum Vater Karel nicht im Staatsdienst bleiben konnte. So ist er ist dann 1789 erneut mit der gesamten Familie umgezogen. Er zog in eine von Frankreich unabhängige Grafschaft. Febier, Jean und Ursula mit ihren Familien sind mitgegangen. Nur Stefan, der Älteste, ist in Frankreich geblieben. Sie haben sich dort in der Nähe der genannten Grafschaft ein Haus gekauft. In dem Haus haben alle gewohnt. Karel hat mit Jean, der Silberschmiedemeister war, einen Betrieb als Schmuckhändler betrieben. Febier hat bei der Grafenfamilie auf der Burg des Ortes in der Landwirtschaft gearbeitet und Ursula war im elterlichen Haushalt tätig. In der Grafschaft lebten sie bis 1804. Dann sind sie wieder umgezogen. Sie zogen nach Deutschland in einen Ort im Bistum Trier.

Das hatte folgenden Hintergrund. Ein weibliches Mitglied der Grafschaft, bei der Febier beschäftigt war, wurde ermordet und Febier, obwohl er die Tat nicht begangen hatte, wurde als Täter schuldig gesprochen. Die Tat hatte ein Mitglied der Grafenfamilie begangen und man hat Febier als Täter beschuldigt und festgenommen. Er hat unter Folter die Tat zugegeben, obwohl er unschuldig war. Er wurde eingekerkert und zum Tod durch den Strang verurteilt. Auf Initiative seines Vaters Karel wurde das Todesurteil in lebenslange Zwangsarbeit umgewandelt. Er war bis zu seinem Tod am 5. Dezember 1829 eingekerkert und musste Fronarbeit leisten. Gestorben ist er später an einer Lungenentzündung. Febier war verheiratet mit der Deutschen Maria Juchems und hatte drei Töchter. Die Ehe wurde nach der Verurteilung auf Anordnung des Grafen aufgelöst. Dieses an ihm vollstreckte Urteil und das an ihm begangene Unrecht hat die Seele von Febier, die heute in einem anderen Körper ist, nicht verarbeitet und belastet diesen Menschen in dessen derzeitigen Leben als nicht verarbeitetes Unrecht im Unbewussten. Dieses an meinem damaligen Zwillingsbruder begangene Unrecht ist auch in meinem Unterbewusstsein vorhanden, belastet mich jedoch nicht.

Ich habe meinen geistigen Führer Pauline gebeten, mir behilflich zu sein bei der Auflösung dieses Traumas bei dem betroffenen Menschen. Durch Vermittlung von Pauline wurde mir der wahre Sachverhalt mental mitgeteilt. Das Trauma im jetzigen irdischen Leben der Seele, die im Körper des Menschen Febier war, stammt von diesem ungerechten Vorfall im damaligen Leben. Über meinen geistigen Führer Pauline wurde mir genaue Anweisung gegeben, wie das Trauma aufgelöst werden kann. So ist es ist mir gelungen, die Seele von dem Trauma zu befreien. Seitdem ist das unbewusste, in Träumen hörbare Rufen nach Hilfe zu Ende. Die Seele fühlt sich auch von einer im Unterbewusstsein vorhandenen unbekannten Last befreit.

Durch diesen Vorfall sind, wie oben erwähnt, im Jahr 1804 Karel, Jean und Ursula mit ihren Familien aus Anlass der Verurteilung von Febier aus der Grafschaft nach Deutschland in einen Ort im Bistum Trier umgezogen. Febier war im Kerker festgesetzt und musste in der Grafschaft als Fronarbeiter bleiben. Er hat dort bis zu seinem Tod eine Strafe für eine nicht begangene Tat büßen müssen. Nach der ungerechten Verurteilung und aus diesem Grunde haben Karel und Jean mit Familien und Ursula den Nachnamen geändert. Stefan in Frankreich und Febier in der Haft haben den Namen beibehalten. Der Umzug in den deutschen Ort erfolgte freiwillig, er war jedoch wegen der Verurteilung des Febier unumgänglich, denn am bisherigen Wohnort war die Bevölkerung von der Schuld des Febier überzeugt bzw. es durfte nicht daran gezweifelt werden. Die Existenz eines Geschäftes dort war so dort nicht mehr möglich. In Deutschland haben Karel und Jean erneut ein Juweliergeschäft betrieben. Jean hat das Geschäft nach dem Tod seines Vaters 1820 weitergeführt.

Jean und seine Frau Hedwig hatten drei Kinder. Das waren Pauline, Karoline und Mattes. Pauline (1783–1846) war verlobt mit einem Mann aus einem Nachbarort, war schwanger, und ihr künftiger Ehemann ist kurz vor der Hochzeit verunglückt. Pauline ist dann zu den Eltern ihres verstorbenen Verlobten gezogen und ihr Sohn ist dort zur Welt gekommen. Der Pauline unehelich geborene Sohn Matthias (1812–1851) war somit später der Einzige mit dem geänderten Nachnamen der Familie. Karoline, die zweite Tochter, war verheiratet und hatte dadurch einen anderen Nachnamen, Mattes war auch verheiratet hatte aber keine Nachkommen, die den Namen weiterführen konnten. Das ist alles nach Angabe meines geistigen Führers so Gottes Fügung gewesen, damit der Familienname erhalten bleibt. Jean ist 1843 mit 89 Jahren gestorben, seine Ehefrau Hedwig wurde 79 Jahre alt. Der Nachname stammt, wie bereits erwähnt, aus dem 39. irdischen Leben des Marcel Dumont mit der Seele Ezechiel. Marcel hat den Namen Aquarelloar seit dem 39. irdischen Leben geführt. Später hat sich dieser Name mehrmals geändert, hat sich jedoch mit diesen Änderungen bis zum heutigen Tag erhalten, obwohl im Jahre 2011 nach den Telefonbucheintragungen lediglich 13 Personen den zuletzt geänderten Namen führen.

Das 42. Leben als Mann ist mein jetziges Leben und das nach Angabe der Geisterwelt letzte irdische Leben im Inkarnationszyklus der Seele Ezechiel vom höheren Selbst Habakuk. Die Geschwisterseele Oktavia (mein geistiger Führer) wird auch nicht mehr in einem Menschen leben müssen. Die Geschwisterseele Oktavus wurde nach dem Jahre 2000 letztmalig in einem weiblichen Körper geboren. Nach dem Ende des Lebens wird auch diese Seele ihre irdischen Leben beenden. Dann hat das höhere Selbst Habakuk mit den Geschwisterseelen die Endstufe der Geisterstufen erreicht und wird sich im höheren Selbst vereinigen. Nach Ablauf einer Zeit und einer endgültigen Prüfung wird das höhere Selbst Habakuk aus den Geisterstufen zu den aufgestiegenen Meistern aufsteigen. Nach Angabe des geistigen Führers endet das letzte Menschenleben der Seele Ezechiel, also mein jetziges Leben, durch Herzstillstand. Das bevorstehende Ableben soll der Seele Ezechiel bzw. mir vorher von der Geisterwelt mitgeteilt werden. Der ursprüngliche Zeitpunkt, der im Lebensplan festgeschrieben war, ist um weitere Jahre hinausgeschoben worden, weil noch von der Seele Ezechiel wichtige Aufgaben erfüllt werden müssen.

Soweit die Wiedergabe der mir übermittelten Informationen.

Schlusswort

Der Inhalt dieses Buches stammt aus den Mitteilungen der Geisterwelt an mich. Eine Nachprüfung des Inhaltes ist nicht möglich. Dennoch ergibt sich aus einem Vergleich der Menschenleben mit den Mitteilungen eine gewisse Übereinstimmung. Die Geisterwelt ist für Menschen mit ihren fünf Sinnen nicht erfassbar. Es gibt jedoch in dem irdischen Leben der Menschen weitere Sinne, die nicht ohne Weiteres erkennbar und nutzbar sind. Aber jeder kennt es, das Gefühl, die Ahnung, die unerklärlichen Wahrnehmungen. Man spürt etwas, weiß jedoch nicht, wieso. Wer außerdem die Gnade und die Gabe bekommt, Kontakte mit der geistigen Welt zu bekommen, der erhält dann auch viele Beweise über das so genannte Esoterische, das Unbekannte. Dass es so etwas gibt, daran muss man glauben, denn wer könnte und wie sollte man es beweisen? Beweise dafür, dass es wirklich Kontakte gibt, habe ich im Abschnitt „Die Kontakte mit dem geistigen Führer" aufgeführt.

In der Zusammenfassung ergibt sich für das irdische Menschenleben das Folgende: Der Mensch besteht aus Körper, Geist und Seele. Der Leib, der irdische Körper, wird den Naturgesetzen entsprechend von irdischen Menschen gezeugt. Der irdische Körper wird lebensfähig durch den eintretenden Geist, wobei dessen Seelen als Lebensenergie eintritt. Der Geist ist das jeweilige höhere Selbst. Es ist ein noch von Gott getrennter, durch seinen Ungehorsam gegen Gott in die Finsternis verbannter ehemaliger Engel, ein höheres Geistwesen, das sich durch Leben in der dualen Welt bewähren muss. Um sich in der dualen Welt in Menschenleben zu bewähren, muss die Besserungsstufe der Menschen erreicht sein. Die verbannten Geister haben sich, dem Erlösungsplan entsprechend, in unendlich langen Zeiten bis zur Stufe der Menschen verbessert. Mit Erreichen der Stufe des Menschen haben diese Geister mit ihren Seelen die Möglichkeit, sich durch Leben in irdischen Körpern weiter zu bewähren. Wenn sie dazu bereit sind und wenn sie die Erlaubnis zur Menschwerdung erhalten, können sie sich auf ein

Menschenleben vorbereiten. Die ersten Inkarnationen der Geister können erfolgen, wenn sie dazu bereit sind. Dann werden sie bei den sogenannten großen Ausschüttungen von Seelen, die etwa alle 2000 Jahre nach unserer Zeitrechnung erfolgen, zur Menschwerdung zugelassen (In der geistigen Welt gibt es den Begriff Zeit nicht, dort ist alles jetzt.). Dann kann die Vorbereitung auf die erste Menschwerdung beginnen. In der Zeit vor der Menschwerdung ist die auserwählte Seele in der Vorbereitungszeit. In der Zusammenarbeit mit ihrer geistigen Familie und ihrem höheren Selbst wird ein Lebensplan erstellt, der alles beinhaltet, was im kommenden Menschenleben zur Besserung des Geistes beitragen soll. Wenn dann ein dem Lebensplan passender entsprechender menschlicher Körper gezeugt wurde, kann die Seele in dessen Körper eintreten und in diesem Körper ein Erdenleben erfüllen. Nach dem Lebensplan hat die Seele im Menschen dann für ein irdisches Leben eine entsprechend vorbestimmte Aufgabe zu erfüllen. Dafür steht ihm ein ständiger, ein persönlicher Begleiter, der geistige Führer geistig zur Seite. Es ist ein Geistwesen, das sich für diese Aufgabe zur Verfügung stellt. Dieses Geistwesen, der persönliche Begleiter, überwacht die Einhaltung des Lebensplans. Bei allem, was der Mensch erlebt, macht und denkt, ist im irdischen Leben immer das Gute, das Richtige und das Schlechte, das Falsche beteiligt. Der geistige Führer gibt dann mental vor, was richtig ist, und der Mensch, der ja einen freien Willen hat, muss sich jedoch immer entweder für das Gute oder Schlechte entscheiden. Das Gute ist nicht immer das Angenehme. Der Satan bietet das Angenehmere, das Bequemere, jedoch das Schlechte, das Falsche an. Der Mensch muss die Entscheidung selbst treffen. Das Gute und das Schlechte sind aber gleichwertig. Beides muss gelebt werden, wenn es erforderlich ist. Die Aufgabenstellung, die sich aus dem Lebensplan ergibt, legt fest, was zur Erfüllung der Bewährung notwendig ist. Daraus ergibt sich für den Menschen der Lernprozess. Das Gute bedingt das Schlechte, das Schlechte bedingt das Gute. Ohne das Schlechte kein Gutes, ohne Gutes kein Schlechtes. Die Summe der positiven, der richtigen Entscheidungen des Menschen ergibt die Bewertung nach dem irdischen Leben.

Im irdischen Leben sind alle Menschen gleich. Es gibt keinen Unterschied. Jeder Mensch hat eine Aufgabe, die er erfüllen muss. Ob Bettler, einfacher Mensch, König, Spitzenmanager, Papst oder andere hochgestellte Personen, keiner ist besser als der andere. Hochgestellte intelligente, angesehene Personen sind für die irdischen Leben und deren Aufgabenstellungen notwendig und werden dem Lebensplan entsprechend in den Körper geboren, der zur vorgesehenen Aufgabe Mensch wird. Es ist keinesfalls so, dass hochgestellte intelligente, angesehene Personen besser sind als einfache Menschen. Sie können trotz irdischer Ehren und Erfolge geistig auf einer niederen Stufe stehen. Für die Erlösung ist einzig und allein die im irdischen Erdenleben erreichte geistige Stufe maßgebend. Es gibt selbstverständlich immer wieder viele Menschen, die geistig hoch stehend sind. Diese leisten dann auch meistens wertvolle Arbeit und sind sehr oft Vorbilder. Es gibt dafür viele Beispiele in der Neuzeit wie Buddha, Dalai Lama, Nelson Mandela usw. Ob in diesen Menschen gefallene oder höhere Geister sind, können Menschen nicht erkennen. Alle irdischen Menschen haben einen Körper, der nur befristet lange lebt. Nach der Zeit, die im Lebensplan festgeschrieben ist, stirbt der irdische Köper, wenn die Seele ihn verlassen hat. Durch höhere Einwirkung kann der Lebensplan geändert werden, wenn die Geisterwelt das für notwendig hält. Davon erfährt der Mensch jedoch meistens nichts. Nach dem irdischen Tod folgt, wie in den Kapiteln vorher beschrieben, eine Zeit bis zur erneuten Wiedergeburt, wenn das Ziel der Besserung noch nicht erreicht wurde. Wie oft die Seele wiedergeboren, also im irdischen Leben sein muss, ist nicht festgelegt. Die Wiedergeburt ist so oft notwendig, bis die höchste Stufe der Geistersphäre erreicht wurde, sich die Seele bis zu dieser Sphäre bewährt hat. Die Geistersphäre und das irdische Leben als Mensch kann man sich vorstellen wie die Ausbildung im irdischen Leben. Es beginnt, wenn das höhere Selbst die Stufe des Menschen erreicht hat und es die Erlaubnis zur Inkarnation erhält. Dann ist die Seele in der ersten Geisterstufe. Jedes irdische Leben ist für die Seele wie ein Schuljahr. Wenn das Ziel nicht erreicht wurde, bleibt die Seele in der Stufe. Mit jedem Leben ist eine Verbesserung möglich und das ist auch das Ziel des irdischen Menschenlebens. Wenn die Anforderungen, die an folgende Stufen gestellt sind, erreicht werden, ist ein Weiterkommen in eine höhere Stufe möglich. Bis zu der höchsten Stufe sind bei den meisten Geistern mehrere Erdenleben erforderlich. Bei mir bzw. meiner Seele waren es 42 irdische Leben, die vor über 8500 irdischen Jahren begannen. Nach Erreichen der höchsten Stufe und der abschließenden Bewährung darin vereinigt sich das höhere Selbst mit allen seinen Seelen und steigt auf zu den aufgestiegenen Meistern. Das ist die oberste Stufe des geistigen, des dualen Lebens, die erste Stufe aus dem Machtbereich Luzifers heraus. Von da ab kann Luzifer den Geist nicht mehr beherrschen. Aus dieser Stufe der aufgestiegenen Meister wird das höhere Selbst am jüngsten Tag auferstehen und sich in die gesamte Geisterwelt eingliedern. Wann der jüngste Tag kommt, das ist das Geheimnis Gottes. Der jüngste Tag kann nur kommen, wenn alle gefallenen Geister einschließlich Luzifer sich zu Gott bekannt haben. Dann wird auch die materielle Welt wieder dem geistigen Universum eingefügt werden. Dann wird alles wieder Einheit. Die Dualität ist dann nicht mehr notwendig. Es würde dann der sogenannte und gefürchtete Weltuntergang sein, den jedoch kein irdischer Mensch erleben wird. Kein irdischer Mensch wird das erleben, denn der Weltuntergang wird die Umkehrung der materiellen Schöpfung sein.

Alles wird so, wie die Evolution geschaffen wurde, umgekehrt entmaterialisiert werden. Es werden zuerst alle Menschen, dann alle Tiere, dann alle Pflanzen und Mineralien in die Ursprungsschwingung transformiert werden.

Dann ist alles wieder die höhere Schwingung des Universums. Alles ist dann wieder eine Einheit in Gott.

Bewerten Sie dieses Buch auf unserer Homepage!

www.novumverlag.com

Der Autor

Werner Arull wurde noch vor dem 2. Weltkrieg geboren. Nach dem Besuch der Volksschule machte er eine Lehre als Elektroinstallateur und arbeitete anschießend in Idar-Oberstein und Kaiserslautern. Es folgte 1959/60 der Wehrdienst bei der Marine. Später widmete er sich wieder seinem Beruf, machte erfolgreich die Meisterprüfung und absolvierte eine Laufbahn als technischer Beamter, unter anderem in Duisburg, Wilhelmshaven und Bremen. Von 1972–1975 war er in der Bundeswehrverwaltung in Wilhelmshaven tätig, von 1975–2000 in Jever. Seit 2000 ist er im Ruhestand. Werner Arull ist seit 1961 verheiratet und lebt in Sande. In seiner Freizeit widmet er sich gerne dem Sport, darunter Leichtathletik und Judo, und der Musik. Außerdem interessiert er sich sehr für esoterische Themen, geistige Mediation und Radiästhesie mit Rute und Pendel.

Der Verlag

> *Wer aufhört
> besser zu werden,
> hat aufgehört
> gut zu sein!*

Basierend auf diesem Motto ist es dem novum Verlag ein Anliegen neue Manuskripte aufzuspüren, zu veröffentlichen und deren Autoren langfristig zu fördern. Mittlerweile gilt der 1997 gegründete und mehrfach prämierte Verlag als Spezialist für Neuautoren in Deutschland, Österreich und der Schweiz.

Für jedes neue Manuskript wird innerhalb weniger Wochen eine kostenfreie, unverbindliche Lektorats-Prüfung erstellt.

Weitere Informationen zum Verlag und seinen Büchern finden Sie im Internet unter:

www.novumverlag.com